COMUNICAÇÃO, TRANSPARÊNCIA E INFORMAÇÃO NA ATIVIDADE POLICIAL

Coordenação

Higor Vinicius Nogueira Jorge

Joaquim Leitão Júnior

COMUNICAÇÃO, TRANSPARÊNCIA E INFORMAÇÃO NA ATIVIDADE POLICIAL

Prefácio:

Osvaldo Nico Gonçalves

Autores

Antônio Wellington Brito Júnior
Carina Santanieli
Fabio Marques Barbosa
Francini Imene Dias Ibrahin
Higor Vinicius Nogueira Jorge
Joaquim Leitão Júnior
Klisman França Barbosa
Leandro Alberto Albuquerque Stábile
Luís Gonzaga da Silva Neto
Tiago Lustosa Luna de Araújo
Waldek Fachinelli Cavalcante
Walter Martins Muller

2023

EDITORA JusPODIVM
www.editorajuspodivm.com.br

EDITORA *Jus*PODIVM
www.editorajuspodivm.com.br

Rua Canuto Saraiva, 131 – Mooca – CEP: 03113-010 – São Paulo – São Paulo
Tel: (11) 3582.5757
• Contato: https://www.editorajuspodivm.com.br/central-de-relacionamento

Diagramação: Equipe *Jus*PODIVM

Capa: Ana Caquetti

C739 Comunicação, Transparência e Informação na Atividade Policial / Coordenado por Higor Vinicius Nogueira Jorge e Joaquim Leitão Júnior – São Paulo: Editora JusPodivm, 2023.
192 p.

Inclui Bibliografia
ISBN: 978-85-442-4469-2

1. Direito Penal. I. Jorge, Higor Vinicius Nogueira. II. Leitão Júnior, Joaquim. III. Título.

CDD 345

BIBLIOTECÁRIA RESPONSÁVEL

Ana Carolina Ribeiro Mois – CRB7 – RJ 007348/0

Prefácio

Caro leitor,

Este livro surge em um momento crucial da história da polícia judiciária, em que a sociedade exige cada vez mais transparência, ética e eficiência das instituições responsáveis pela segurança pública. É nesse contexto que se faz necessária a adoção de uma gestão estratégica e de um planejamento de marketing voltados para a promoção da imagem das polícias judiciárias e para a melhoria da qualidade dos serviços prestados à população.

Neste livro, diversos autores especialistas no tema abordam de forma profunda e consistente os desafios e as novas perspectivas do marketing institucional e da ética na polícia judiciária. São discutidas questões fundamentais, como a importância da prestação de um serviço que satisfaça toda a coletividade, com uso racional e econômico dos recursos disponíveis, e a necessidade de se construir uma marca forte a partir de uma clara definição dos atributos pelos quais uma organização pretende se posicionar na mente de seus clientes e da comunidade em que atua.

Além disso, os autores apresentam reflexões importantes sobre a tutela dos direitos fundamentais, como a liberdade de informação jornalística e a presunção de inocência, que devem ser observadas em qualquer atividade midiática, especialmente no que diz respeito à exposição deliberada de pessoas, que pode causar-lhes sequelas sociais e familiares.

Esperamos que este livro contribua para o aprimoramento do debate sobre o marketing institucional e a ética na polícia judiciária e para a construção de uma sociedade mais justa, segura e democrática.

Boa leitura!

Osvaldo Nico Gonçalves

Delegado de Polícia

Secretário Executivo da Secretaria de Segurança Pública do Estado de São Paulo

Sumário

1

A IMAGEM INSTITUCIONAL COMO FERRAMENTA DE PROMOÇÃO DA POLÍCIA JUDICIÁRIA EM CONTRAPONTO À ORIENTAÇÃO DE GESTÃO EM SEGURANÇA PÚBLICA

Leandro Alberto Albuquerque Stábile[1]

Quando se analisa o panorama da atividade policial, com foco mais específico naquelas desenvolvidas pela Polícia Judiciária, a forma de inserção de tal atividade na mídia com o escopo de publicidade da ação e promoção institucional, nos deparamos com diversos cenários distintos. Contamos com ações de marketing institucional voltadas à publicização da atividade policial; constatamos a existência de inúmeras ações pontuais

1. Delegado de Polícia Civil do Estado do Paraná desde 2014, atualmente Chefe da 8ª Delegacia Regional de Polícia de Guaratuba, também atua como professor na Escola Superior de Polícia Civil do Paraná – titular da Disciplina "Excelência no Atendimento ao Cidadão"; especialista em Direito Público pela Universidade Anhanguera e em Comunicação Organizacional pela Universidade Anhembi Morumbi. Antes de ingressar na Polícia Civil foi Técnico Judiciário no Tribunal Regional Eleitoral do Paraná, ocasião em que participou do desenvolvimento e docência no Curso de Atendimento ao Eleitor.

de agentes de segurança pública objetivando a aproximação com o público alvo (e em alguns casos a promoção pessoal mais que a institucional); nos confrontamos com as análises da imprensa e suas impressões acerca do que vem sendo feito na seara da segurança pública, além da divulgação pontual de opiniões, e até mesmo publicidade, por parte de terceiros que sequer possuem relação direta com os órgãos que patrocinam; entre outras espécies de acessos midiáticos que se combinam para formar o todo não necessariamente integrado do marketing institucional, já que em determinados momentos inclusive se verifica antagônico.

O presente artigo tem como objetivo traçar breves considerações sobre as consequências diretas destas diversas ações de marketing e analisar o seu impacto sobre a imagem institucional da Polícia Judiciário, objetivando desde uma microverificação do estado da arte até mesmo suas consequências em um macro cenário comunicacional. Buscamos ainda determinar se o efeito deste conjunto não integrado de ações, que naturalmente não pode ser totalmente controlado, possui algum efeito sobre a gestão de Segurança Pública dado o seu efeito na formação da opinião dos stakeholders: *"Robert Edward Freeman e David Reed (1983) entendem que os stakeholders são grupos ou indivíduos que fornecem suporte e, além de ser afetados pelas organizações, têm forte influência - que pode ser medida e classificada por meio de avaliação detalhada do segmento de atuação da empresa - nelas[2]."*

Iniciamos pontuando o conceito de marketing e analisando a sua pertinência para com o assunto a ser tratado. Nas palavras de Casas:

> "Marketing é a área do conhecimento que engloba todas as atividades concernentes às relações de troca, orientadas para a satisfação dos desejos e necessidades dos consumidores, visando alcançar determinados objetivos da organização ou indivíduo e considerando sempre o meio ambiente de atuação e o impacto que estas relações causam no bem-estar da sociedade[3]"

A partir do conceito acima imediatamente nos deparamos com um outro conceito, mais diretamente relacionado ao cenário do marketing, que não pode ser imediatamente aplicado ao cenário da segurança

2. VERGILI, R. Relações públicas, mercado e redes sociais. p. 34.
3. CASAS, A. L. L., Marketing de serviços. 2007, p. 15.

pública: consumidores[4]. A relação de consumo implica imediatamente um ambiente de operações regido pela oferta/procura, livre concorrência, proteção do hipossuficiente, controle de qualidade do produto etc. Toda essa série de variáveis não pode ser aplicada, ao menos não de forma direta, a prestação de um serviço público exclusivo, como o é a segurança pública.

De outra sorte, o Código de Defesa do Consumidor nos traz um conceito que aproxima o serviço público prestado da ideia de consumidor, o art. 2º da Lei 8.078 o descreve como: *Consumidor é toda pessoa física ou jurídica que adquire ou utiliza produto ou serviço como destinatário final.* A referência em destaque certamente se aproxima mais do cidadão que é certamente o destinatário final do serviço público, afinal, o cidadão é exatamente o financiador deste tipo de serviço remunerado a custo dos impostos. A segurança pública é um dever imposto ao Estado em função direta do contrato social estabelecido entre estes e os indivíduos que, voluntariamente renunciaram a uma parcela de sua liberdade, em prol de constituição de um organismo maior e organizado com o objetivo de uma progressiva melhora na qualidade de vida em sociedade.

Estabelecidos o conceito de marketing e consumidor, que aqui tomaremos a liberdade de denominar cidadão – não na acepção política da palavra[5], mas sim como o membro sociedade a quem se destina a prestação da segurança pública. Necessária pontuar ainda um patamar um pouco mais apropriado da relação cidadão – serviço público, que é a de Relações Públicas, estas podem ser entendidas a partir de um conceito legal derivado do Decreto 63.283/1968 que serviu exatamente para regulamentar o exercício da profissão no Brasil:

> "Entende-se por Relações Públicas o esforço deliberado, planificado, coeso e contínuo da alta administração, para estabelecer uma organização, pública ou privada, e seu pessoal, assim como entre essa organização e todos os grupos aos quais está ligada, direta ou indiretamente".

Tal conceito ainda é explicado pelos Profissionais de Relações Públicas Marcelo Chamusca e Marcia Carvalhal como *"É uma atividade*

4. BARRACHO, C. Lições de Psicologia Económica. 2001.
5. Cf, O que é cidadania. Disponível em: <http://www.dhnet.org.br/direitos/textos/oque_e_cidadania. html>. Acesso em: 27.04.2021.

administrativa de gestão de relacionamentos, que utiliza a comunicação, prioritariamente, para cuidar da qualidade dos relacionamentos estabelecidos entre as organizações e seus públicos de interesse, visando a formação e manutenção de uma imagem pública favorável[6]".

Com base nos conceitos brevemente delimitados acima temos que seria mais adequado tratar a ação do estado enquanto agente de promoção de segurança pública por relações públicas, mais adequadamente do que marketing, embora o viés do marketing institucional, que tem por objetivo a promoção do órgão certamente se encontra inserido no conceito de relações públicas. Entendemos ainda que o conceito de cidadão se aproxima mais da visão de cliente dos serviços estatais de garantia de segurança do que o de consumidor; razão pela qual adotaremos estes no presente trabalho.

Estabelecidos os pressupostos conceitos de atividades de comunicação e público-alvo, necessário se analisar o objeto, a imagem institucional é um dos bens imateriais mais preciosos a qualquer organização, seja esta pública ou privada, se manifesta em uma construção complexa de fatores objetivos e subjetivos que servem desde a atribuição de um caráter de legitimidade para as ações do ente até ao ponto de justificar a sua própria existência:

> "(...) Já como imagem institucional de um órgão público, temos um conceito mais abstrato que não pode ser expresso via mero elemento gráfico, mas consiste em uma grande exegese que envolve um conjunto ilimitado de fatores que se somam e complementam para possibilitar ao fim, a obtenção de um produto. Produto este em seu estado bruto que depende ainda de um juízo final de valor daquele que o assimila. Ou seja, a imagem institucional é o conjunto de todas as informações, dados, fatos, opiniões etc a respeito de um determinado órgão, sintetizadas pelo receptor e complementadas com sua própria visão a respeito deste a fim de se obter um resultado[7]".

6. Cf, O que são Relações Públicas. Disponível em: <https://www.rp-bahia.com/o-que-sao>. Acesso em 27.04.2021.
7. STÁBILE. Leandro A. A. Imagem Institucional: Uma discussão Necessária in Revista jurídica da Associação dos Delegados de Polícia do Estado do Paraná – ADEPOL-PR. 2017. p. 95.

Como explicitado no conceito acima, trata-se de um conceito construído a partir da combinação de elementos objetivos e subjetivos para determinar, em uma magnitude escalonada, a imagem institucional de um determinado ente ou órgão público. O exemplo mais clássico de como se "quantificar" a imagem de um órgão encontra-se registrado em pesquisas[8] de confiabilidade. O propósito desta ferramenta de comunicação e exatamente um diagnóstico da opinião pública para com relação ao grau de confiança dos cidadãos para com o serviço prestado por uma determinada entidade, serve ainda como parâmetro avaliativo não apenas das ações executivas deste, mas também da forma como estas ações tem sido veiculadas e como ele se encontra posicionado diante da opinião pública.

Conceituada a imagem institucional como este conjunto imaterial de fatores que levam a uma percepção valorada por parte do cidadão da instituição, devemos analisar o porquê de ser interessante que um órgão de Polícia Judiciária disponha de sua visão em mais alta conta com relação aos stakeholders. Aí que entram questões relativas à Administração Pública, mais precisamente relacionadas à distribuição do orçamento público e à própria sobrevivência da instituição.

Os recursos públicos são, por sua natureza, assim como qualquer tipo de receita derivada do pagamento de impostos, limitados. Desta forma cabe ao Administrador Público realizar a distribuição do quinhão a ser direcionado a cada uma das esferas e dos entes que constituem o Estado. Não havendo mandamento constitucional ou legal determinando qual o valor mínimo que deve ser empregado na segurança pública e, menos ainda, nos órgãos responsáveis pelo exercício da atividade de Polícia Judiciária (ao contrário do que ocorre com a saúde e educação, por exemplo); deve haver o convencimento por parte do gestor de que tal órgão deve ser objeto de um maior grau de investimento, seja pela necessidade de melhoria e implementação de ações para elevar sua efetividade (o que se verifica empiricamente em menor grau) ou para garantir

8. "A pesquisa de marketing é a função que integra o consumidor, o cliente e o público ao profissional de marketing por meio de informação – informação usada para identificar e definir as oportunidades e os problemas de marketing, gerar, aperfeiçoar e avaliar as ações de marketing e facilitar o atendimento do marketing como um processo. A pesquisa de marketing especifica as informações necessárias para o atingimento desses aspectos, define os métodos para a coleta das informações, gerencia e implementa o processo de coleta, analisa e comunica as respostas e suas implicações." Barbosa, Z. E. Pesquisa de Marketing. 2018.

que a boa imagem de que dispõe a instituição se mantenha e quiçá, seja alavancada, permitindo ao gestor indiretamente o ganho de "royalties" de imagem com o bom desempenho apresentado pela Polícia Judiciária – esta última possibilidade certamente é a que mais se verifica na prática.

Nos termos de uma análise já realizada anteriormente sobre este tema, a Polícia Civil, enquanto órgão da Administração Direta vinculada ao Poder Executivo, também está sujeita à competição pelo quinhão orçamentário necessário para o bom exercício de suas funções. E, em se tratando de orçamento público voltado a ações de segurança, o interesse do gestor certamente é diretamente ligado aos resultados obtidos em direta relação com a qualidade de sua administração:

> "Mais ainda, na atual estrutura de poder e descentralização desenhada pela Constituição Federal temos que, nos termos das atribuições e competência subsidiárias dos estados da federação, encontra-se a Polícia Civil inserida no corpo do Poder Executivo. Se é esta a mais acertada posição para alocação de um órgão de Estado com atribuição para relativizar direitos e garantias fundamentais por meio da devida investigação legal não é matéria da presente análise, fato é que a Polícia Civil encontra-se vinculada ao Poder Executivo Estadual de forma que, invariavelmente, obedece aos ditames administrativos do chefe do referido poder e, consequentemente, as limitações eventualmente impostas[9]".

Estabelecida a razão da necessidade de uma boa gestão de Imagem Institucional por parte da Polícia Judiciária assim como o motivo pelo qual se correlaciona esta gestão à repartição do orçamento público, se faz necessária uma breve análise das ferramentas que possibilitam construir ou, ao menos, contribuir para a positiva construção de uma opinião positiva acerca da instituição.

A propaganda, a publicidade, a divulgação dos atos praticados pela instituição que a veicula, certamente correspondem a um meio de construção da imagem institucional do órgão, mas não somente. Acredita-se ainda que a propaganda isolada, ações de marketing separadas de um contexto de comunicação integrada não conseguem alcançar o objetivo de estabelecer uma condição positiva de avaliação de imagem pelo público-alvo. Francisco Gracioso analisa o papel da publicidade

9. STABILE, op. cit., p. 97.

para as vendas, o que pode ser adaptado à realidade institucional da Polícia Judiciária se transmutada a transação comercial pelo objetivo da aquisição imaterial da atribuição positiva de valor "(...) a ideia de que a propaganda institucional, por si só, possa criar ou mudar a imagem de uma empresa, ou uma marca, é pura fantasia e pode ser comparada a outra noção igualmente fantasiosa: a de que a propaganda possa resolver qualquer problema de vendas[10]".

O mesmo autor ainda menciona o papel da propaganda institucional e sua relação com o ambiente em que se encontra inserida. Ao fazer menção ao aspecto ambiental frisa a sua direta aproximação com a comunicação interna e externa, ou seja, não basta uma boa divulgação da imagem, é preciso que a instituição possua meios de "educar" seu público interno a fim de que se disponham a agregar valor imaterial às ações e ao papel do órgão na sociedade:

> "Quando bem utilizada, a propaganda institucional é um fator valioso de correção ou reforço de uma imagem, pela "alavancagem" que proporciona. A imagem, porém, é criada ou influenciada por outros fatores de igual ou maior peso (...) Nossa imagem depende da maneira como somos percebidos pelo mercado e pelo ambiente onde operamos. Esta percepção, por sua vez, depende do conteúdo e da forma de nossa comunicação interna e externa[11]".

Como então pode a Polícia Judiciária, ou em uma visão mais ampla, órgãos que tem por objetivo a prestação da segurança pública e o Estado enquanto cumpridor do mandamento constitucional de garantir a integridade, liberdade e patrimônio do cidadão, empreenderem esforços para a construção de uma imagem institucional positiva e que de fato lhes dê a necessária visibilidade ante o complexo contexto comunicacional e informacional em que se vive?

Analisando o tema mais precisamente sob a ótica empresarial, Graciano faz referência à percepção do consumidor com relação a uma marca, especificamente, como o consumidor constrói a sua ideia a respeito de uma determinada marca, ou, porque escolher uma marca em detrimento de outra, ou ainda porque razão pode-se afirmar que uma

10. GRACIOSO. Francisco. PROPAGANDA INSTITUCIONAL, 2ª edição. São Paulo: Grupo GEN, 2006. p. 39.
11. Id. p.39.

empresa fornece produtos melhores que uma outra empresa; e afirma que tudo isso deriva da imagem que o consumidor possui desta instituição:

> "(...) um dos aspectos mais intrigantes da imagem. Ela é una, no sentido de que resulta numa percepção unificada por parte do consumidor. Por exemplo, a dona-de-casa dirá: "Eu prefiro os produtos da Nestlé" sem explicar por que chegou a essa preferência. Mas o cérebro humano funciona como um supercomputador, com uma lógica impressionante. Ao expressar a sua preferência, a dona-de-casa levou em conta todos os diferentes atributos da marca Nestlé que têm relevância para ela - por exemplo, a garantia de pureza, a qualidade, a boa relação preço/benefício etc".

A partir desta análise e transportando estas conclusões para o campo do serviço público nos permitimos a seguinte interpretação: o cidadão leva em conta todo os atributos que tem relevância para a formação da sua opinião com relação a imagem de uma determinada instituição. Partindo desta premissa se faz necessária então a análise de quais seriam estes atributos. A questão se relaciona a quais seriam os elementos que possibilitam ao cidadão, contribuinte de impostos e financiador da segurança pública, apontar que uma instituição presta ou não um bom serviço; estabelecer quais são os critérios adotados pelo cidadão para opinar a respeito das funções de um determinado órgão e se elas estão sendo bem exercidas ou não. Faremos uma breve abordagem de alguns deles, mais a título de exemplificação do que de esgotamento do tema.

Certamente um atributo altamente valorizado pelo cidadão são os indicadores sociais[12], no caso específico, aqueles indicadores que se relacionam à segurança pública. No Brasil os indicadores sociais relacionados à segurança pública são catalogados, agrupados e analisados pelo Ministério da Justiça e Segurança Pública:

> "O objetivo do governo brasileiro foi elaborar relatórios a partir de uma análise do acervo da base de dados do Sistema Nacional de Estatísticas de Segurança Pública e Justiça Criminal e de outras

12. "(...) uma medida em geral quantitativa de significado social substantivo, usado para substituir, quantificar ou operacionalizar um conceito social abstrato". JANNUZZI, P de M. Indicadores Sociais no Brasil: conceitos, fontes de dados e aplicações. Campinas, SP: Editora Aliena, 2001.

bases de dados produzidas pelo Ministério da Saúde, Instituto Brasileiro de Geografia e Estatística (IBGE) e pesquisadores da área de segurança pública. Esse relatório gera um anuário estatístico que levanta diferentes temas da área de segurança pública além da mensuração da incidência de registros de ocorrências e os recursos das organizações de segurança pública. É abordada a questão da vitimização, tanto de cidadãos quanto de empresas e estabelecimentos comerciais; a presença de armas na sociedade civil; a relação entre a sociedade e as organizações de segurança pública; o fluxo do sistema de justiça criminal e os aspectos relacionados à prevenção da criminalidade e da violência[13]".

Abreviando a explanação e sendo brutalmente concisos, pode-se dizer que a segurança pública pode ser percebida e aquilatada sob duas óticas completamente distintas: em uma primeira visão, temos a segurança pública transformada em uma série de dados estatísticos apresentados ao publico de tempos em tempos na forma dos indicadores acima descritos. A função do Estado de proteção do cidadão é tida como um número, um dado, um percentual, uma estatística – e a partir da aí se analisa a evolução, melhora ou piora, deste índice tendo como parâmetro os índices anteriormente produzidos. Avançando mais ainda na simplificação, como um indicador geral segurança pública temos o número de homicídios ocorridos em uma determinada região em uma determinada época.

O índice de homicídios é tratado como um dos, senão o principal, indicador de segurança pública eis que se tratando o homicídio de um dos crimes com a maior penalização dentro de nosso sistema penal e também por ser visto como aquele que tem o maior impacto social ante a perda de uma vida. No Brasil os homicídios majoritariamente são derivados de quatro causas principais, além de duas macrocausas que, conforme analisa o Ministério Público de São Paulo em análise neste sentido, indicam certa influência no resultado destes índices, estarão registradas a frente apenas para destaque eis que não são o objeto principal do presente trabalho:

13. Dufloth, Simone C. Ferreira da Silva, Armando L. L. de A. Encontro de Administração Pública e Governança. Indicadores de Segurança Pública para a Gestão de Políticas Públicas: análise dos atributos de qualidade dos indicadores propostos nas perspectivas de organizações internacionais, do governo federal e de governos estaduais, Salvador: 2008. Disponível em: http://www.anpad.org.br/admin/pdf/EnAPG372.pdf. Acesso em 28/abril/2021.

> Dividiu-se, então, essa análise em quatro macrocausas principais: gangues e drogas, violência patrimonial, violência interpessoal e violência doméstica. Contudo, ao entrar em contato com a literatura, notou-se que alguns fatores eram transversais a todos os homicídios, por isso separamos uma categoria específica para os chamados fatores transversais. Além disso, reconhecemos mais duas macrocausas de homicídios que nos pareceram muito relevantes no âmbito do pacto, são elas: (i) conflitos entre sociedade civil e policiais e (ii) escassez de presença do Estado[14].

Embora observado mundialmente como um indicador de segurança, as estatísticas relativas a ao índice de homicídios apresentam algumas deficiências e falhas que precisam ser consideradas, em especial quando se analisam as causas: homicídios que derivam de crimes passionais, do comportamento da população e de fatores sociológicos não podem ser efetivamente prevenidos pela ação policial, eis que geralmente seus autores não são contumazes e não reiteram no exercício da conduta; outro fator é a aplicação de tal índice em determinadas áreas: pequenas cidades que passam anos sem registrar nenhum homicídio apresentam um aumento de 100% no período seguinte ao registrar a primeira ocorrência; isto apenas para superficialmente indicar falhas estatísticas[15]. Além destas, cumpre observar que, a inexistência de registros letais não indica certamente que a população se sente segura, já que a até mesmo uma organização miliciana pode impor como regra marcial a não ocorrência de fenômenos desta natureza em uma comunidade exatamente com o fito de evitar a aproximação policial.

Outra forma de se perceber a segurança pública é através da chamada "sensação de segurança[16]", não no sentido técnico que lhe foi atribuído

---

14. Diagnóstico dos homicídios no Brasil: subsídios para o Pacto Nacional pela Redução de Homicídios / Cíntia Liara Engel [et al.]. Brasília: Ministério da Justiça, Secretaria Nacional de Segurança Pública, 2015. 271 p. 13. Disponível em: http://www.mpsp.mp.br/portal/page/portal/Criminal /Investigacao_Criminal/Investigacao_Criminal_Estatisticas/RELATORIO-HOMICIDIOS-210x297mm-MJ-1.pdf.

15. Id. p. 12.

16. "A vitimização e as percepções sobre a sensação de segurança1 podem ser concebidas como indicadores apropriados e de grande relevância para formulação, gestão e avaliação de políticas públicas, bem como para identificar o grau de confiança das pessoas em relação às instituições de justiça criminal e, de modo mais específico, às instituições policiais". Cardoso, G. R; Seibel, E. J; Monteiro, F. M; e Ribeiro, E. A. Percepções sobre a sensação de segurança entre os brasileiros: investigação sobre condicionantes

pelo Instituto Brasileiro de Geografia e Estatística, mas sim como um conceito imaterial que se relaciona com o ser humano em seu ambiente; como se sente o cidadão em um determinado espaço ocupado, seja ele urbano ou não, com relação à percepção da violência e à presença do Estado em sua prevenção/combate. Esta "sensação" é classificada como Cerqueira como "Presença do Estado[17]"; e inclusive aponta quais seriam os vetores necessários para qualificar tal presença "Segurança Pública = Quantidade de efetivo de PM+PC+Guarda/ população do estado e/ou município (Pesquisa Perfil/MJ + Município/IBGE).

Aqui a trataremos a nomenclatura sensação de segurança tendo por objeto este valor imaterial e que não pode ser precisamente mensurado exposto no parágrafo anterior, eis que nosso escopo não é tecnicamente a distribuição do efetivo e investimento estatal e os resultados obtidos, mas sim como, com o efetivo e estrutura de que já atualmente dispõe, pode o órgão utilizar dos meios de comunicação, relações públicas e marketing para o fortalecimento e promoção da imagem institucional da Polícia Judiciária.

Para conceituar o termo sensação de segurança com mais precisão para o fim a que se destina no presente trabalho podemos começar o fazendo a contrário senso. O que seria a "sensação de insegurança"? Podemos utilizar uma definição multidisciplinar que vincula essa sensação ao dito "medo do crime" que, grosso modo, poderia ser definido como a sensação de que se está sujeito a ser vítima de um crime, não necessariamente estando exposto a ele. O indivíduo que se vê uma permanente sensação de insegurança, principalmente em cidades grandes em que os dados registrados são mais expressivos (ainda que estatisticamente muitas vezes menores quando proporcionalmente aplicados em cidades com menores populações) em razão da dinâmica de violência urbana presente na contemporaneidade. Como conceito técnico:

> "O medo do crime é uma sensação bastante referida nos dias atuais. Ele reflete uma angústia individual, algumas vezes expandida à comunidade como um todo, diante do fenômeno de uma

---

individuais in Revista Brasileira de Segurança Pública. São Paulo v. 7, n. 2, 144-161 Ago/Set 2013. Disponível em: https://nipp.ufsc.br/files/2016/07/Artigo_Revista-do--f%C3%E3rum-brasileiro-de-seguran%C3%A7a-p%C3%BAblica-1.pdf.

17. CERQUEIRA, D. Causas e consequências do crime no Brasil. Tese apresentada no Programa de Pós-Graduação em Economia da PUC. Rio de Janeiro, 2014.

criminalidade rampante, aparentemente fora do controle, e do estado coletivo de insegurança que dele pode passar a decorrer. Tal situação incide sobre o Brasil e outros países, já que, segundo estudo realizado sob os auspícios da Organização das Nações Unidas (ONU, 1999), Não interessa em que parte do mundo, em um período de cinco anos, dois de cada três habitantes das grandes cidades globais serão vítimas de algum crime pelo menos uma vez[18]."

Embora inúmeros sejam os fatores que servem como ingredientes para a construção desta sensação de medo do crime em uma determinada época, em um local por uma determinada população, muitos estudiosos do tema atribuem a gradação deste sentimento essencialmente ao acesso à informação, em especial à forma como ela é tratada pela mídia. Neste sentido o artigo intitulado "Fatores Estimuladores da sensação de Insegurança e a Valorização Midiática" enfoca em pontos interessantes ao tratar o tema com a nomenclatura "medo do crime":

> "Pode-se determinar "medo do crime" como a insegurança que determinados grupos de pessoas sentem de situações criminosas, ocorridas em suas proximidades. Diante das notícias que preenchem os jornais escritos, falados ou televisionados, não haveria de se pensar de outra forma senão no aumento do medo do crime pela sociedade, pois coisas inimagináveis há um curto espaço de tempo passaram a ser comuns e muito próximas do cotidiano de cada cidadão brasileiro. Percebe-se, diante do aumento das notícias envolvendo crimes com requintes de crueldade, que a sociedade passa por um período em que o medo do crime mostra-se cada vez mais presente. Por isso, é natural o desejo de diminuição das estatísticas assustadoras da criminalidade, não se necessitando de muito exercício mental para perceber que as instituições responsáveis pelo combate ao crime estão passando por sérias dificuldades para chegar ao objetivo maior, que é a paz social".

O citado artigo foca especialmente na divulgação do crime pela mídia como sendo um dos fatores determinantes na concepção de sensação de

---

18. DANTAS, G. F. de L.; DE PERSIJN, A.; DA SILVA JÚNIOR, A. P; O MEDO DO CRIME in O Alferes. Belo Horizonte: 2007. Vol 22. N 62. Disponível em: https://revista.policiamilitar.mg.gov.br/index.php/alferes/ article/view/41. Acesso em 06 mai 21.

insegurança. A imprensa, e atualmente os próprios usuários de mídias sociais, vêm mais interesse em divulgar estatísticas alarmantes ou situações que o Estado falou no cumprimento de sua missão de garantidor do que em divulgar a contínua construção de um sistema de segurança pública eficiente ou resultados positivos quando em contrapontos a períodos anteriores de análise[19].

Embora certamente uma das maiores contribuições para a construção desse medo do crime se dê em razão da exposição midiática, não podemos atribuir apenas a ela uma valoração da sensação de insegurança. Se de uma análise quantificada deste valor, que embora imaterial e inquantificável pode ser percebido pela sociedade em um grau de variabilidade, podemos dizer que a sensação de insegurança deriva também da própria relação das pessoas inseridas nesta comunidade, de seu contato direto e exposição à situações de crime e violência, podemos até mencionar a proximidade e integração de núcleos sociais em uma determinada população – a proximidade de pessoas de um determinado local que podem determinar como estes assuntos são tratados; outro fator a ser tratado é o grau de escolaridade da população objeto de análise e sua capacidade de compreender o que de fato é estatística criminal relevante e que realmente apresente reflexos em seu cotidiano e, por fim, para fins de exemplificação; índices de desenvolvimento econômico e social que apontam a situação de vulnerabilidade e exposição do objeto de estudo que possui certamente relação direta com a ocorrência dos crimes e da sua proximidade.

Determinado o conceito de medo do crime alcançamos o cerne da discussão a que se propõe o presente trabalho: compreender a efetividade dos mecanismos de relações públicas dos órgãos de Polícia Judiciária direcionando-os para o fortalecimento da imagem institucional e não mais como um orientador de gestão em segurança pública.

Em especial quanto ao contraponto apresentado na afirmação acima temos que majoritariamente o marketing institucional de órgãos de Polícia Judiciária tem se destinado em descontruir a sensação de medo do crime a partir da apresentação de resultados, estatísticas e ações que se entendem como indicativos de eficiência, acreditamos que certamente

19. Ferreira, E. L. T. Damázio, I. N. Machado de Aguiar, J. Fatores estimuladores da sensação de insegurança e a valorização midiática. Revista da Ordem Pública. Florianópolis: 2011. V. 4. N 1/2 p. 4. Disponível em: https://rop.emnuvens.com.br/rop/article/view/41. Acesso em 06 mai 21.

isto se dá em razão da recorrente exposição do crime e da criminalidade que vem sendo desde sempre utilizada pela mídia, mais ainda na última década com a explosão do acesso às redes sociais e a novíssima possibilidade de contar o leitor/usuário como um veículo imediato de propagação da notícia.

A Polícia Judiciária envida esforços contínuos na divulgação de grandes operações, melhora de índices, grandes prisões e diligências de vulto – vide apreensões drogas, objetos e valores, com a ideia de demonstrar à sociedade que tem contribuído com a construção de um Estado mais seguro, cumprindo assim o seu mister institucional delineado no artigo 144 da Constituição Federal. Diariamente telejornais, informativos eletrônicos, programas de rádio e até grupos de trocas de mensagens em redes sociais compartilham notícias, informes e destaques relacionados aos fatos e índices expostos acima. Resta a questão, este contínuo esforço de divulgação, de aparecer, demonstrar força, efetividade e presença surte o efeito desejado? A resposta é, em nosso entendimento a partir de uma análise sócio comunicacional, sim e não.

Em uma primeira análise verificamos que expor o crime, narrar o fato, divulgar a brutalidade, a selvageria e a investigação em curso ganha mais tempo de mídia que a solução de um problema estruturado que, via de regra em razão das investigações sigilosas, não fora anteriormente exposto ao grande público. Ora, é muito mais instigante divulgar a misteriosa ocorrência de homicídios não explicados, roubos sucessivos em uma determinada área, ação de grupos armados não identificados em áreas de conflito garimpeiro; do que divulgar a deflagração de uma operação que cumpriu um grande número de mandados investigando o tráfico de drogas em uma determinada região. Os primeiros assuntos expostos, via de regra rendem uma programação mais extensa, horas de exposição, várias edições de aprofundamento, acompanhamento da investigação e deslinde de diligências; enquanto no último caso, deflagrada a operação, via de regra, a mídia perde interesse no seu posterior andamento e conclusão. O próprio público parece não se interessar no posterior decorrer de eventos (salvo em caso de soltura de investigados pelo Judiciário ou em havendo implicações ou relações com outros delitos).

Em uma sociedade eletrônica de protagonismos extremamente polarizada como a contemporânea o outrora público destinatário da informação passa a ser seu agente construtor, daí reside o interesse maior na investigação, no crime inexplicado, na busca da verdade do que em seu resultado consumado, do que na resposta estatal. Ainda os stakeholders demonstrem mais interesse no objeto de trabalho da Polícia Judiciária do que propriamente no produto final do exercício de sua atribuição a alta gestão segue empregando mais e mais esforços na divulgação de grandes operações, construção de estatísticas e modelos de marketing institucional voltados à divulgação de resultados. Deste comportamento deriva toda a gestão de Segurança Pública direcionada a operações faraônicas, utilizacão de recursos excessivos em ações muitas vezes inócuas e investimento em setores operacionais em detrimento de atendimento a necessidades funcionais.

É inquestionável que a gestão da comunicação para os fins acima impostos é extremamente importante até para fins de atender a transparência e publicidade inerentes a Administração Pública. O contribuinte deve compreender em que seus impostos são investidos e ter o direito de acompanhar estatísticas e resultados do bom emprego de recursos públicos. Não se questiona também a necessidade e o impacto implícito de contenção da ação criminosa que deriva de ações policiais incisivas, de aplicação de efetivo policial na demonstração de força e presença (como o dito popular "mostrar força para não fazer força). Mas a questão que se levanta é: existem meios tão eficientes quanto, ou até mais que, de utilização da comunicação institucional, ferramentas de marketing integrado e cooperação com a mídia que possibilitem consolidar a imagem da Polícia Judiciária além desta?

Acreditamos que a reposta reside na construção de uma nova visão institucional a respeito de Relações Públicas e a sua função enquanto construtora da Imagem da Polícia Judiciária. A implantação de uma gestão de marketing integrado que se inicie com a observação do estado da arte em que se encontra o órgão objeto da análise, seguido de um estudo de ferramentas adequadas de comunicação que permitam suprir eventuais falhas percebidas, capacitação de público interno para implementação de uma nova política comunicacional e, por fim, a implantação de um plano de relações públicas que envolva toda a instituição.

Embora reduzido em um simples parágrafo, trata-se de uma missão de reeducação de relação com stakeholders que se inicia com a doutrinação do público interno a respeito da Missão do órgão de Polícia Judiciária e de sua própria função enquanto integrante de um serviço público de segurança, resgatando um outrora presente sentimento de especialidade do policial, considerado um agente indispensável ao Estado e com foco na importância e no reflexo do bom desempenho de suas funções.

Estabelecida a política interna de comunicação, a gestão deve ser focada na consolidação da imagem do órgão na seara das Relações Públicas, não apenas divulgar os resultados das operações e estatísticas (números vazios que muitas vezes não fazem sentido para o público alvo), mas sim da valoração do órgão para com a sociedade. A importância das funções da Polícia Civil, enquanto órgão do sistema de segurança pública, o benefício direto do exercício de suas atribuições para o bom funcionamento do sistema social no combate ao crime e em defesa de valores como ética, probidade, justiça etc.

A Comunicação Integrada de Marketing deve focar, além de resultados operacionais, nos serviços essenciais que são prestados pela Polícia Judiciária, na possibilidade de resolução de problemas pessoais e sociais com base no exercício de suas atribuições. O estabelecimento de um protocolo de comunicação com o público e com a imprensa que se inicie na alta gestão e seja padronizado até a última escala capilar de atuação visando empregar profissionalismo à atividade e especialmente se consagrar a função investigativa como uma atividade meio e não como um fim.

REFERÊNCIAS BIBLIOGRÁFICAS

BARBOSA, Egydio Zanotta. **Pesquisa de Marketing**. 1. ed. São Paulo: Grupo GEN, 2018.

BARRACHO, Carlos. **Lições de Psicologia Económica**. 1. Ed. Lisboa: Instituo Piaget, 2001.

CARDOSO, Gabriela R; SEIBEL, Erni J; Monteiro, Felipe M; e Ribeiro, Ednaldo A. **Percepções sobre a sensação de segurança entre os brasileiros: investigação sobre condicionantes individuais** *in* Revista Brasileira de Segurança Pública. São Paulo v. 7, n. 2, 144-161 Ago/Set 2013. Disponível em: https://nipp.ufsc.br/files/2016/07/Artigo_Revista-do-f%C3%B3rum-brasileiro-de-seguran%C3%A7a-p%C3%BAblica-1.pdf.

CASAS, Alexandre Luzzi Las. **Marketing de serviços**. 5. ed. São Paulo: Atlas, 2007.

CERQUEIRA, Daniel Ricardo de Castro. **Causas e consequências do crime no Brasil**. Tese apresentada no Programa de Pós-Graduação em Economia da PUC. Rio de Janeiro, 2014.

DANTAS, George. F. de L.; DE PERSIJN, Annik; DA SILVA JÚNIOR, Alvaro P; **O MEDO DO CRIME** in O Alferes. Belo Horizonte: 2007. Vol 22. N 62. Disponível em: https://revista.policiamilitar.mg.gov.br/index.php/alferes/ article/view/41. Acesso em 06 mai 21.

DUFLOTH, Simone. FERREIRA DA SILVA, Armando L. L. de A. Encontro de Administração Pública e Governança. **Indicadores de Segurança Pública para a Gestão de Políticas Públicas: análise dos atributos de qualidade dos indicadores propostos nas perspectivas de organizações internacionais, do governo federal e de governos estaduais.** Salvador: 2008. Disponível em: http://www.anpad.org.br/admin/pdf/EnAPG372.pdf. Acesso em 28/abril/2021.

ENGEL, Cinthia Liara. **Diagnóstico dos homicídios no Brasil: subsídios para o Pacto Nacional pela Redução de Homicídios**. Brasília: Ministério da Justiça, Secretaria Nacional de Segurança Pública, 2015. Disponível em: http://www.mpsp.mp.br/portal/page/portal/Criminal /Investigacao_Criminal/Investigacao_Criminal_Estatisticas/RELATORIO-HOMICIDIOS-210x297mm-MJ-1.pdf.

FERREIRA, Enio. L. T; DAMÁZIO, Israel. N; MACHADO DE AGUIAR, Jobson. **Fatores estimuladores da sensação de insegurança e a valorização midiática**. Revista da Ordem Pública. Florianópolis: 2011. V. 4. N 1/2 p. 4. Disponível em: https://rop.emnuvens.com.br/rop/article/view/41. Acesso em 06 mai 21.

GRACIOSO, Francisco. **Propaganda Institucional**. 2. ed. São Paulo: Grupo GEN, 2006.

JANNUZZI, Paulo de Martino. **Indicadores Sociais no Brasil: conceitos, fontes de dados e aplicações**. Campinas, SP: Editora Aliena, 2001.

O QUE É CIDADANIA, *in*: **O que é cidadania**. Disponível em: http://www.dhnet.org.br/direitos/textos/oque_e_cidadania.html. Acesso em: 27.04.2021.

O QUE SÃO RELAÇÕES PÚBLICAS, in **O que são relações públicas**. Disponível em: <https://www.rp-bahia.com/o-que-sao>. Acesso em 27.04.2021.

STÁBILE, Leandro Alberto Albuquerque. **Imagem Institucional: Uma discussão Necessária** *in* Revista jurídica da Associação dos Delegados de Polícia do Estado do Paraná – ADEPOL-PR, volume 01, p. 95-106, Curitiba: Juruá, 2017.

VERGILI, Rafael. **Relações públicas, mercado e redes sociais**.1. ed. São Paulo: Summus, 2014.

2

PLANEJAMENTO ESTRATÉGICO DE MARKETING INSTITUCIONAL DAS POLÍCIAS JUDICIÁRIAS - AS AÇÕES E ÉTICA DE POLÍCIA JUDICIÁRIA COMO ENDOMARKETING E COMO PARTE DO PLANEJAMENTO DE MARKETING INSTITUCIONAL

Joaquim Leitão Júnior[1]

1. Delegado de Polícia no Estado de Mato Grosso e lotado no Grupo de Atuação Especial de Combate ao Crime Organizado (GAECO) de Barra do Garças-MT. Pós-graduado em Ciências Penais pela rede de ensino Luiz Flávio Gomes (LFG) em parceria com Universidade de Santa Catarina (UNISUL). Pós-graduado em Gestão Municipal pela Universidade do Estado de Mato Grosso – UNEMAT e pela Universidade Aberta do Brasil. Curso de Extensão pela Universidade de São Paulo (USP) de Integração de Competências no Desempenho da Atividade Judiciária com Usuários e Dependentes de Drogas. Colunista do site Justiça e Polícia, coautor de obras jurídicas e autor de artigos jurídicos. Ex-Diretor Adjunto da Academia da Polícia Judiciária Civil do Estado de Mato Grosso. Ex-Assessor Institucional da Polícia Civil de Mato Grosso. Ex-assessor do Tribunal de Justiça de Mato Grosso.

1. INTRODUÇÃO

Sabemos que além do empenho nas atividades policiais de polícia judiciária como operações policiais, tais como busca e apreensão e domiciliar, prisões, investigações dentre outras, é importante que essas diligências sejam sempre exteriorizadas pela assessoria de marketing destas instituições.

De qualquer forma, é necessário antes de mais nada buscarmos o conceito do que vem a ser marketing?

Nos ensinamentos de Kotler e Keller (2006) o marketing envolve a identificação e a satisfação das necessidades humanas e sociais, sendo definido de uma maneira simplista pelo autor, como uma forma de suprir necessidades lucrativamente. Nesta direção, Casas (2007, p.15) menciona que:

> Marketing é a área do conhecimento que engloba todas as atividades concernentes às relações de troca, orientadas para a satisfação dos desejos e necessidades dos consumidores, visando alcançar determinados objetivos da organização ou indivíduo e considerando sempre o meio ambiente de atuação e o impacto que estas relações causam no bem-estar da sociedade (CASAS, 2007 p.15).

Em singelas palavras, podemos a grosso modo dizer que marketing é a ciência de explorar, inovar e proporcionar valoração de algo para satisfazer necessidades de um público-alvo com rendibilidade/lucratividade.

Obviamente, o alcance da expressão rendibilidade/lucratividade dentro do marketing, não pode ser vista apenas em termos financeiros, mormente quando trazemos para o marketing no plano de polícia judiciária que não pode ser visualizado sobre o aspecto da monetização, mas de ganho em credibilidade e valores da instituição perante o público.

A partir desta premissa, as instituições de polícia judiciária devem focar mais no marketing de suas atividades, e isto deve ser realizado de maneira profissional.

É importante que as Diretorias de cada polícia judiciária dos Estados-membros (Polícias Civis) e da Polícia Federal invistam e reforce os quadros da assessoria de comunicação e institucional, com o recrutamento de profissionais de ponta da área específica para que os resultados sejam explorados de maneira adequada e com o potencial merecido.

Mesmo com o efetivo baixo, é importante que as direções busquem alternativas e parcerias inovadoras para que o marketing institucional seja priorizado e exortado.

De nada adianta as Polícias Judiciárias se esforçarem ao máximo para mostrar resultados herculeamente, sem que estes resultados sejam externados de maneira correta e com alcance almejado, agregando valores em prol das instituições.

Contudo, para além disto, é fundamental organização, definição de atuação, estratégias e planejamento para que o marketing institucional seja desenvolvido a curto, médio e longo prazo.

Tomamos a liberdade de elencar alguns pontos que entendemos pertinentes para um "marketing institucional":

1. Vídeos Institucionais de todos os setores da instituição, assim como sobre o papel de cada cargo da instituição;
2. Confecção de banners com o brasão da instituição para que seja distribuídos a todas unidades, criando a rotina de toda a entrevista e atos solenes, o banner com o brasão sempre esteja sendo difundido;
3. Padronização das fachadas das Diretorias Gerais ou setor de direção e de todas as unidades policiais para reforçar a unidade organizacional da instituição;
4. Levantamento das unidades policiais, cujas fachadas estejam em descompasso com a identidade visual para solicitar as possíveis adequações, com encaminhamento de ofício de recomendação;
5. Confecção de toalhas contendo brasão para evento;
6. Trabalho em parceria com outros investigadores, escrivães e delegados formados ou com conhecimento na área para auxiliar a equipe em desafios (interior e capital);
7. Encaminhamento de ofício de recomendação a toda imprensa que de contato para publicarem fotos que observem a identidade visual. Encaminhar recomendação no e-mail e WhatsApp e fotografias alternativas quando não tiverem fotografias com a nova identidade visual;
9. Existência de pastas digitais ou dispositivos de músicas clássicas, MPB e Jazz entre outros gêneros adequados para serem executadas antes, durante e nos intervalos dos eventos institucionais;

10. Linha de marketing focada nos tipos penais, nas forças-tarefas e nos grupos de trabalho;
11. Importante a assessoria contar com aquisição de eventuais equipamentos (*ring ligth,* microfone lapela, câmeras, entre outros equipamentos) e até mesmo estúdios para a realização das gravações e ações de marketing;
12. Reuniões constantes da equipe de comunicação social e de marketing de polícia judiciária;
13. Aprimoramento constante da equipe de comunicação social e de marketing de polícia judiciária em cursos de capacitações;
14. Eixos do jornalismo (escrita simples, acessível e sem erros de português);
15. Calendário de data comemorativas (inclusive das cidades de todo o estado-membro) para artes e vídeos com antecedência, visando publicações;
16. "Pensar fora da caixa" e buscar coisas leves, interações da sociedade etc.;
17. Programação das redes sociais;
18. Impulsionamento nas redes sociais;
19. Expansão das Polícias Judiciárias para as outras plataformas de redes sociais (além de Instagram, Facebook, Twitter);
20. "Releases" de operações;
21. "Releases" de matérias;
22. Suporte à imprensa;
23. Eventos e cerimoniais (sempre checar o auditório nosso ou o local antes do evento e depois). Organizar o cerimonial nos mínimos detalhes desde a arte até o convite, recepção, mesa do dispositivo e tratamento protocolar no dia do evento;
24. Resgate da memória das Polícias Civis /Polícia Federal e entrevistas com ex-delegados gerais e policiais em geral (agentes, escrivães, investigadores, inspetores);
25. Galerias de fotografias de fatos históricos antigos e curiosidades;
26. Campanhas ordinárias e campanhas extraordinárias devem sempre ter lugares;

27. Reuniões com outras seguimentos de marketing e jornalismo de governo e na iniciativa privada são sempre importantes;
28. Plantões de informações de jornalismo/marketing devem ser instituídos;
29. Proatividade da equipe de marketing;
30. Suporte em operações policiais para cobertura, se for solicitado ou proativamente, diante de alinhamento;
31. Melhor divisão das pautas externas (matérias e operações);
32. Museu;
33. Memórias das grandes operações das Polícias Civis /Polícia Federal;
34. Enaltecer o nome e marca institucional das Polícias Civis/ Polícia Federal;
35. Disponibilizar manuais da imprensa com brasão para que os profissionais da instituição tenham uma postura uniforme e profissional na exposição dos trabalhos entre outros assuntos correlatos;
36. Criação de uma diretriz resumida para ser publicada matéria com fotografia e tudo observado a nova identidade visual e os padrões exigidos;
37. Nas matérias jornalísticas seguir o padrão rígido das Polícias Civis/Polícia Federal. Caso não tenham fotografias de acordo com as diretrizes institucionais, a publicação deve mirar em fotografias alternativas da instituição ainda que da unidade que atenda as diretrizes para publicação. Fora destes padrões não se deve publicar;
38. Montagem de kits de cortesia/brinde/presentes para serem entregues às autoridades de outras instituições que porventura visitarem a instituição ou em evento;
39. Cafés institucionais;
40. TV Polícia Civil/Polícia Federal;
41. Rádio Polícia Civil/Polícia Federal;
42. Divulgações sobre anuários, congressos, simpósios, cursos, projetos dentre outros;

43. Ações sociais das Polícias Judiciárias em datas importantes (exemplos: doação de brinquedos no dia das crianças; doação de brinquedos e distribuição de cestas básicas no natal);
44. Difusões sobre orientações e prevenções a golpes e infrações penais;
45. Podcasts.

Os pontos citados não são estanques, mas uma diretriz daquilo que a grosso modo deve se estabelecer no mínimo dentro do marketing de polícia judiciária.

Ademais, dentro de uma ação estratégica de marketing devemos impor o aprimoramento do monitoramento dos controles internos, buscando fixar o monitoramento constante dos controles de informações e daquilo que pode render boas notícias ou não, de forma a avaliar a validade, qualidade, adequação, efetividade e contribuição ao longo do tempo para melhoria do desempenho do próprio controle. É uma tendência que não se pode ignorar.

A promoção da *accountability* e da transparência da gestão é importante para a busca da transparência da gestão ao público interno e externo e fomentar mecanismos de prestação de contas para a sociedade, em que a equipe de comunicação social e marketing das polícias judiciárias se ocuparão.

Adiante, falaremos sobre as campanhas de marketing com frases de efeitos.

2. CAMPANHAS DE MARKETING DE POLÍCIA JUDICIÁRIA COM FRASES DE EFEITOS

Assim, como os *jingles* de candidatos a cargos políticos e de grandes marcas que usam frases de efeitos, frases de efeitos são importantes nas atividades de polícia judiciária. Para tanto é essencial que sejam definidas linhas de campanhas marqueteiras de polícia judiciária, assim como frases de efeitos: "Polícia Civil protegendo a sociedade" ou "Polícia Civil protegendo o cidadão" entre outras variáveis!

Na Polícia Judiciária Civil de Mato Grosso por exemplo se utiliza a seguinte frase: "Polícia Civil apurando crimes e acolhendo vítimas".

Outrossim, é de grande valia que as campanhas sejam contemporâneas com o contexto social para atrair mais admiradores, simpatizantes e colaboradores.

Não podemos ignorar que nos momentos do marketing, são momentos propícios para angariar opiniões favoráveis e apoiadores à "causa", qual seja, polícia judiciária. Aliás, não podemos ser ingênuos da compreensão que nossa atividade realmente desperta preocupação que vai desde a elite até a periferia.

Afinal, quem pode cumprir mandado de busca e apreensão domiciliar em face de poderosos? Claro que é a Polícia Judiciária, seja ela civil ou federal.

Isto explica porque grande parcela dos governantes promove o sucateamento silencioso das Polícias Judiciárias, deixando-as a beira do caos de falta de efetivo, sem estrutura e outros pontos que impedem uma atuação à altura.

Infelizmente, nossos governantes preferem atuar em suas publicidades de maneira dissimulada e "vender" uma "sensação de segurança" para investir em polícias ostensivas e preventivas que não vão prender poderosos em crimes de colarinho branco que é o crime que mais traz efeito nocivo à sociedade. Dizemos isto com o máximo de respeito e deferência que temos às Polícias Preventivas e Ostensivas, mas realmente é uma verdade.

As polícias ostensivas e preventivas se ocupam em prevenir geralmente os crimes que envolvem a população mais carente sem atingir os criminosos de gravatas, pois geralmente estes crimes demandam investigações que não estão afetas às atribuições de polícias preventivas e ostensivas, mas as atribuições de polícia judiciária.

Retomando as abordagens, é de suma importância que se crie frases de efeitos: *Polícia Civil/Federal atuando em prol da tutela social!*; *Polícia Civil/Federal contra o crime*; *Polícia Civil/Federal contra o crime*; *Polícia Civil/Federal contra à corrupção*; *Polícia Civil/Federal protegendo o idoso, criança, mulher, homossexual*; *Polícia Civil/Federal contra as drogas*; *Polícia Civil/Federal defendendo o meio ambiente.*

Estas frases dentre outras variáveis com pautas pontuais, tendem a aproximar imensamente a instituição para com à sociedade.

Porém, não só de marketing e jornalismo vivem as instituições, devendo nos preocupar com outras vertentes.

Assim, passaremos agora sobre as campanhas de datas comemorativas como marketing de Polícia Judiciária.

3. CAMPANHAS DE DATAS COMEMORATIVAS COMO MARKETING DE POLÍCIA JUDICIÁRIA

As campanhas de datas comemorativas como marketing de polícia judiciária são ótimas oportunidades para a instituição se fazer presente perante a sociedade e as demais instituições públicas.

Logo, caberá a instituição de Polícia Judiciária definir as estratégias importantes e definir seu eixo de atuação em datas comemorativas, como datas de aniversários de municípios, datas festivas como Dia dos Pais, Mães e por aí em diante.

Campanhas também como outubro rosa, novembro azul dentre outras são de suma importância para essa aproximação.

Isto faz com que a instituição de Polícia Judiciária se aproxime e demonstre também ainda que indiretamente seus valores para o público externo.

Outrossim, fatos extraordinários devem ser objetos de campanhas também, de forma a atender a linha de marketing e agregar na credibilidade da instituição.

Falaremos na sequência sobre as campanhas internas como endomarketing de Polícia Judiciária.

4. CAMPANHAS INTERNAS COMO ENDOMARKETING DE POLÍCIA JUDICIÁRIA

Um dos grandes desafios contemporâneos dos gestores Delegados de Polícia frente suas instituições, é a apresentação de campanhas como endomarketing de polícia judiciária.

Podemos conceituar o endomarketing como o marketing voltado para as ações dentro da empresa (do negócio), também denominado de marketing interno.

No endomarketing, o colaborador (servidor/funcionário) é o seu alvo (*target*), sendo denominado de público interno.

A principal finalidade do endomarketing mira na integração das relações entre a empresa e os seus funcionários (no caso das polícias judiciárias, os servidores) por meio de uma comunicação uniforme e que compartilhe com todos a cultura da empresa (instituição). Em outros dizeres, o endomarketing é a estratégia voltada para conquistar o coração e a mente dos profissionais que trabalham na empresa (instituição) por meio de ações, atitudes e ideias inovadoras.

Dentro do endomarketing existem detalhes para alinhar e agregar ações importantes, desde campanhas de premiação interna com prêmios em valores, viagens, folgas e até campanhas de elogiar o servidor como forma de reconhecimento dos trabalhos relevantes prestados pelo servidor.

Pode parecer uma preocupação irrelevante, mas não é. Agir como líder motivador e gestor (e não apenas chefe) de seus subordinados, é tarefa que se impõe para diferenciarmos de tudo que foi tentado no passado e buscar resultados diferentes.

Fazer sempre a mesma coisa, sempre trará o mesmo resultado. Assim, é imperioso pensarmos diferentes e com visões de negócios distintas de outrora que estamos inseridos neste contexto.

Premiar aqueles que lutam por melhoria da instituição é sempre uma alternativa para despertar no coletivo mais vontade de fazer e com isto atrair mais pessoas para fazer diferente, seguindo o exemplo.

O grande problema para tanto, se esbarra na falta de orçamento para custear premiações a serem dirigidas à servidores dedicados e que fazem a diferença numa instituição. Todavia, pensamos que na falta de dinheiro no orçamento para ofertar premiações como uma viagem, produto entre outros, o reconhecimento ainda continua e é a grande chave do sucesso.

Logo, as instituições de Polícia Judiciária podem trabalhar este ponto e atribuir reconhecimento aos servidores exemplares que alcancem resultados de metas, que alcancem uma missão dentre outras, sejam reconhecidos formalmente com elogios com fotografias (difusões nas redes sociais e rede mundial de computadores, através do site eletrônico institucional) e anotações no prontuário (assento) funcional do servidor.

Outra alternativa para fomentar à produção e alcance de resultados de metas é procurar conferir como premiação, folgas aos servidores que venham a alcançarem metas de resultados.

Em todas estas situações, se trabalha no pano de fundo, o endomarketing, pois são servidores felizes com a instituição que vão formar opinião e reforçar a imagem da instituicão, ainda que internamente. Isso automaticamente reverberará e poderá influenciar outros servidores a seguirem o exemplo, fazendo com que a instituição cresça não só internamente (dentro do endomarketing), mas também externamente, como consequência natural.

Deste modo, nos ocuparemos em tratar sobre ética no próximo ponto, a fim de fomentar reflexões em nossas posturas.

5. A ÉTICA DE POLÍCIA JUDICIÁRIA COMO ENDOMARKETING

É preciso que tenhamos ética no trato com os nossos pares e subordinados, diante de outros atores e da sociedade para reverberar positivamente o valor de cada instituição de polícia judiciária.

Conforme as lições de Cabrera (2014, p. 91) sobre a ética temos que: "A ética se ocupa com critérios de correção ou incorreção de ações humanas no que se refere especialmente as relações com outros humanos."

Já o imortal filósofo Aristóteles (2007, p. 95) pregava desde lá atrás que: "Em todas as ciências e em todas as artes o alvo é o bem; e o maior dos bens acha-se principalmente naquela dentre todas as ciências que é a mais elevada: ora, essa ciência é a Política, é a justiça, isto é a utilidade geral".

Dentro da concepção ética ao lado do endomarketing, teríamos como resultado o respeito da imagem que os policiais integrantes projetariam e introjetariam da própria instituição (marketing interno) em que servem, através de comportamentos positivos, suas percepções com relação à comunicação interna, o conhecimento das atividades, treinamentos, valores, objetivos e a participação no estabelecimento e obtenção de metas.

Os resultados confirmam a necessidade da "unidade" do corpo policial (harmonia entre Delegados de Polícia, Investigadores/Inspetores, Escrivães e cargos administrativos) e estes resultados acabam por voltar-se para o seu público interno, pois é esse seu principal capital, necessário para atingir os resultados almejados.

Temos que inculcar em todos os servidores sobre a necessidade de se ter maturidade funcional e ética institucional (*interna corporis*) de se portar perante terceiros.

Isso vai desde um comportamento interno até o comportamento externo à altura do cargo e da instituição.

A maledicência de pares e subordinados e vice-versa que não desenvolvem suas atividades a contento, deve ser deixada de lado, pois a Corregedoria é o setor com atribuição para corrigir e monitorar isto. Em tendo notícia de desvios de pares e subordinados, o ideal é comunicar aos setores competentes de polícia judiciária para as providências cabíveis – ao invés de ficar propagando desvios funcionais de comportamentos inadequados perante todos os integrantes da instituição e até o público externo. Pelo menos é este o dever ético que se aguarda no plano institucional até que as apurações sejam realizadas, com observância do contraditório e da ampla defesa para depois eventualmente noticiar o resultado.

Porém, hoje temos um quadro às avessas, pois primeiro se "condena" publicamente e de forma sumária e depois se conduz as apurações que não raras vezes inocentam a pessoa – que de qualquer forma já experimentou todo a sorte de execração da opinião pública, familiar e institucional. Isso é grave e não pode se tornar a regra.

Na verdade, o que queremos dizer é que as outras instituições como Poder Judiciário, Ministério Público, Defensoria Pública, Procuradorias entre outras conduzem desta maneira o trato de questões *interna corporis,* ou seja, não expõe de início o seu par e subordinados, mas conduz uma apuração rigorosa para depois exteriorizar. De nada vale, execrar publicamente um membro da instituição de polícia judiciária sem provas e depois ter que mantê-lo nos quadros, pois além de causar péssima imagem, pode ensejar responsabilizações.

Nos atrevemos a apresentar alguns pontos em formato de "mantra/lema" para que a ética no comportamento institucional impere numa instituição de Polícia Judiciária:

- Quem fala mal de sua família, fala mal de si mesmo;
- Aquele que fala mal de sua instituição que pertence, macula sua própria imagem;
- Roupa suja se lava em casa;
- Ao falar de alguém sempre leve em consideração o que isso contribuirá;
- Antes de falar, pense bem em que este comentário depreciativo agregará;
- Nem tudo que pensamos, podemos falar!;
- Às vezes a melhor resposta é o silêncio.

Estas frases em formato de "mantra/lema" servem para evitar o famoso "fogo amigo" que tem ao longo do tempo dizimados de maneira autofágica, as instituições de polícia judiciária. O ego não pode sobrepor à instituição, de modo, que tudo que um integrante fala acaba por refletir na instituição, ainda que indiretamente.

Infelizmente, há pessoas integrantes das instituições policiais sedentas por exposição na mídia e caberá a cada instituição disciplinar e responsabilizar seus integrantes que venham a agir com desvio e de maneira imprópria. Afinal, o exercício do direito constitucional da manifestação do pensamento e de opinião é livre, mas não isento de responsabilidades.

Por isso, é importante ponderação e equilíbrio na exposição de ideias, seja em forma de verbalização, seja em forma de escrita. Não estamos a dizer que, o profissional da instituição de polícia judiciária, deva ser subserviente ou não, mas que deva proceder com a grandeza do cargo.

Há momentos que temos que ser incisivos, corajosos e duros e há momentos que temos que ser graciosos, mas sem jamais perder a liturgia e respeito no trato da postura. O equilíbrio é o ingrediente mais recomendado para esta análise.

Os profissionais de segurança pública devem saber se portar internamente e externamente, inclusive perante outras instituições integrantes do sistema de justiça criminal.

Com isto, a ética deve ser o fiel condutor das posturas e relacionamentos, evitando condutas açodadas e impensadas tragam resultados embaraçosos para a instituição e seus integrantes.

Explorada a temática sobre a ética, podemos visualizar de como há interligação destes pontos no marketing institucional.

6. CONSIDERAÇÕES FINAIS

Por fim, dentro dos desafios e novas perspectivas de **marketing institucional e ética de polícia judiciária é de suma importância se** planejar e viabilizar de forma estratégica, a implantação do marketing no âmago das polícias judiciárias, com divulgação das atividades operacionais, finalísticas, de gestão e sociais-institucionais, a fim de atingir credibilidade e atingir mais confiança de sua atuação perante a sociedade.

O marketing institucional tem como foco a prestação de um serviço que satisfaça toda a coletividade, com uso racional e econômico dos recursos disponíveis, envolvendo os demais setores da sociedade, promovendo ações que proporcionem satisfação do reconhecimento da sociedade quanto ao serviço prestado pelas polícias judiciárias, fortalecendo as imagens de tais instituições.

Faz-se pertinente a adoção de um modelo de marketing que privilegie todos os atores da atividade policial (delegado de polícia, investigador/inspetor, escrivão e cargos administrativos no âmbito do endomarketing, de modo a demonstrar a unidade do corpo policial para colaboração e dedicação nos serviços prestados pelas polícias judiciárias.

Ao lado disto, a ética de polícia judiciária funcionará como importante ferramenta de endomarketing.

7. REFERÊNCIAS BIBLIOGRÁFICAS

CASAS, A. L. L., **Marketing de serviços**. 5. Ed. São Paulo: Atlas, 2007.

CHAVES. Nestor Silveira. **Aristóteles - A política.** Rio de Janeiro: Escala, 2007.

Disponível em: <https://www.policiacivil.go.gov.br/wp-content/uploads/2018/11/planejamento-estrategico.pdf>. Acesso em 20 de fevereiro de 2021.

Disponível em: <http://www.policiacivilrj.net.br/download/planejamento_estrategico_2020-2025.pdf>. Acesso em 20 de fevereiro de 2021.

KOTLER, P. KELLER, K. L., **Administração de marketing.** 12. Ed. São Paulo: Pearson Hall, 2006.

Polícia Civil realiza VI Seminário Estadual da Polícia Civil. Disponível em: <https://www.pc.rs.gov.br/policia-civil-realiza-vi-seminario-estadual-da-policia-civil>. Acesso em 20 de fevereiro de 2021.

TORRES, João Carlos Brum. **Manual de ética: questões de ética teórica e aplicada** (org.). Petrópolis: Editora Vozes, 2014.

3

A LIDERANÇA ESTRATÉGICA COMO ELEMENTO ESSENCIAL PARA O PLANEJAMENTO E MARKETING POLICIAL

Walter Martins Muller[1]

1. INTRODUÇÃO

Observando-se o estágio atual de desenvolvimento da sociedade e os mecanismos de interação entre as pessoas e as organizações, é fácil notar que todos, individual ou coletivamente, em maior ou menor grau, possuem uma marca, que pode ser positiva ou negativa, dependendo do modo que se apresentam ao mundo.

Por mais exagerada que pareça a afirmação acima, é isso que de fato ocorre. Cada pessoa, com seus comportamentos cotidianos, manifestações, gestos, modo de vestir, entre tantos outros, vai construindo em torno de

---

1. waltermuller@live.com| www.waltermuller.com

Advogado. Delegado de Polícia aposentado. Professor da Academia da Polícia Civil do Estado de São Paulo. Professor Titular da cadeira de Direito Processual Penal do UniFUNEC de Santa Fé do Sul. Possui Mestrado em Direito Processual Penal e pós-graduação lato sensu em Direito Processual. Especialista em Segurança Pública e Sistema de Justiça Criminal. Foi coordenador do Curso de Direito do UniFUNEC de Santa Fé do Sul. Coautor de livros e artigos jurídicos. Orientou diversos projetos de pesquisa na área jurídica. Palestrante.

si um conjunto de características que a distingue das demais e permite que sejam estabelecidos alguns rótulos, os quais se costuma dizer que constituem a sua "marca". Daí facilmente se percebe que as pessoas são identificadas em razão desses elementos: o extrovertido, o tímido, o responsável, o irresponsável, o pontual, o atrasado, o honesto, o desonesto, o engraçado, o chato, e assim outros rótulos que lhes são associados.

Esse fenômeno também se verifica em relação às organizações, públicas ou privadas, que são rotuladas de acordo com as características mais comuns identificadas no seu dia a dia, no atendimento e nos serviços prestados à população no desempenho de sua missão e, naturalmente, em razão dos acontecimentos mais relevantes que marcaram a sua história. Desse modo, algumas instituições possuem uma marca de seriedade, eficiência, confiabilidade e respeito, enquanto outras são muito mal vistas, consideradas corruptas, ineficientes, não confiáveis e sem nenhum sentimento de respeito por parte dos cidadãos.

Esses rótulos, positivos ou negativos, podem ser justos, representando de fato a essência das pessoas ou organizações, ou injustos, por decorrerem de uma equivocada percepção da realidade. É dizer que, uma pessoa ou uma organização pode possuir grandes qualidades que não são notadas, ou grandes defeitos que são mascarados. Isso ocorre justamente em razão do modo como se apresentam ou como os fatos que as envolvem são noticiados. Daí a importância de se observar os comportamentos e a veiculação de notícias que os envolvem. Nesse sentido, vale lembrar a célebre frase atribuída ao imperador romano Júlio César: "À mulher de César não basta ser honesta, tem que parecer honesta". Daí a importância do marketing pessoal ou institucional.

O fenômeno até aqui descrito, ganhou ainda mais relevância na era do conhecimento e da informação, turbinada pela comunicação digital, onde a notícia é veiculada com velocidade espantosa, muitas vezes em tempo real.

No caso das instituições policiais os acontecimentos são muitos evidentes, ocupando grande parte do tempo do noticiário nacional, as instituições policiais estão absolutamente expostas, ao vivo e em cores. Muitas das suas ações são flagradas por câmeras cada vez mais frequentes e divulgadas pela imprensa e nas redes sociais, às vezes elogiadas e muitas vezes criticadas, construindo-se assim pouco a pouco a imagem e, conforme explicado anteriormente, a marca das instituições.

A marca de uma organização, seja ela pública ou privada, é considerada um fator crítico de sucesso. As marcas são ativos financeiros ou institucionais, de grande valor estratégico. Assim sendo, é evidente a necessidade da gestão conhecer o impacto da marca na performance da organização. O fato é que o marketing e a publicidade exercem um papel decisivo na construção, restauração e /ou manutenção da marca, visando uma perspectiva de resultado.

A boa gestão de uma marca passa por seu impacto na estratégia, estrutura e cultura da instituição, como forma de consistentemente garantir a promessa e proposta dos serviços a seus públicos (sociedade).

Nesse cenário, os cuidados com o marketing institucional ganham contornos especiais, merecendo toda a atenção dos responsáveis pelo planejamento estratégico, sendo determinantes para o sucesso ou o fracasso. Desse modo, cuidar da marca institucional é essencialmente uma questão fundamental a ser observada pelas suas lideranças.

No tocante às instituições policiais, especialmente no que diz respeito às Policias Civis, data máxima vênia, percebe-se que ainda não se deram conta dessa necessidade, de modo que não se percebe, ao menos de forma institucionalizada, uma atuação estratégica que pode ser utilizada na construção de uma imagem mais positiva e na captação de duas ferramentas importantíssimas que são: informação e credibilidade.

Por essa razão, o presente artigo, baseado em grande parte nos estudos desenvolvidos durante a participação no curso superior de polícia da Academia da Polícia Civil do Estado de São Paulo – ACADEPOL, se propõe a apresentar alguns elementos essenciais da gestão estratégica que serão fundamentais para a construção da marca institucional, utilizando-se dos conceitos e ferramentas de marketing, voltados para a atividade policial.

2. GESTÃO ESTRATÉGICA

O termo estratégia, etimologicamente, provém do grego *strategia*, que significa comando de exército, cargo ou dignidade do chefe militar, bem como aptidão para comandar, podendo ser considerada a palavra-chave da modernidade.

O vocábulo estratégia surgiu na língua inglesa apenas no final do século XVII, para designar alguma coisa feita longe da visão do adversário, em oposição à tática, que implica o comportamento inverso. Estes conceitos já faziam parte da clássica obra de Sun Tzu escrita em 500 A.C. – "A Arte da Guerra", na qual se percebe que a maioria dos princípios básicos da definição e aplicação da "estratégia" são originados, muito antes da era cristã, seja no tempo de Péricles, para apontar as atividades de liderança, oratória ou poder, ou seja no tempo de Alexandre da Macedônia, para indicar um sistema unificado de Governo.

Atualmente, a ideia de estratégia é largamente utilizada no mundo corporativo, determinando o comportamento das organizações num contexto altamente competitivo, envolvendo a tomada de decisões sobre interesses, objetivos, ações, recursos, inovações, entre outras, sempre com vistas ao melhor posicionamento no mercado.

Como se pode notar, o conceito de estratégia é empregado em diferentes contextos, com conotações diversas, seja no plano teórico, no plano militar ou no plano real das organizações, tendo apresentado significativo desenvolvimento ao ser incorporado pela ciência da administração.

Na visão de Porter (1996) a estratégia "é a escolha de uma posição única e valiosa baseada em sistemas de atividades que são difíceis de copiar e que agregam valor".

Para Chiavenato, "a estratégia é o padrão ou plano que integra os objetivos globais de uma organização, políticas e sequências de ações em um todo coerente". Afirma ainda que, "uma estratégia bem formulada permite alocar e integrar os recursos organizacionais em uma postura única e viável baseada em suas competências internas para antecipar-se às mudanças ambientais e mover-se de maneira contingencial frente aos oponentes inteligentes" (Chiavenato, 2000, p. 509).

Pode-se afirmar assim que a estratégia é a escolha de uma posição única e valiosa baseada em sistemas de atividades que são difíceis de copiar e que agregam valor. Constitui um padrão de comportamento, uma posição desejada e uma perspectiva futura.

A gestão estratégica é uma "metodologia" importante que visa assegurar o sucesso da organização no momento atual, bem como principalmente o seu sucesso no futuro.

A gestão estratégica é, provavelmente, o desafio mais importante, árduo e abrangente com que se defronta qualquer organização privada ou pública: de que maneira estabelecer as bases para o êxito de amanhã e ao mesmo tempo competir para vencer nos mercados de hoje? A vitória no presente não é o bastante; a não ser que, simultaneamente, as sementes do êxito de amanhã também estejam sendo plantadas e cultivadas, a organização não terá futuro.

As principais vantagens da gestão estratégica são:

a) Fornecer uma visão sistêmica, pois aprofunda o conhecimento sobre a organização, mercado/clientes, concorrentes, parceiros e fornecedores;
b) Agilizar e fundamentar decisões, pois cria um consenso natural entre os líderes da organização sobre o que realmente é importante;
c) Estabelecer uma direção única, pois alinha os esforços de todos na organização para o atendimento de objetivos comuns;
d) Melhorar a capacidade de adaptação, pois facilitar a reestruturação organizacional frente ás mudanças de cenários externo e de competição;
e) Melhorar a alocação de recursos;
f) Reforçar a motivação;
g) Melhorar o controle;
h) Sistematizar ciclos de melhoria contínua da organização.

A primeira etapa da gestão estratégica é o planejamento estratégico, que está relacionado com os objetivos de longo prazo e às ações que serão realizadas para alcançá-los que afetam a organização como um todo. Ele é conceituado como um processo gerencial que possibilita ao executivo estabelecer o rumo a ser seguido. É geralmente de responsabilidade dos níveis mais altos da organização. Na realidade, sem o envolvimento direto dos principais líderes na condução do processo estratégico, ele dificilmente ocorrerá a contento.

Segundo Chiavenato (2000), o planejamento estratégico se desenvolve nas seguintes etapas:

a) Concepção Estratégica, durante a qual são apresentadas: a intenção estratégica, a missão, a visão e os princípios e valores da organização;
b) Gestão do Conhecimento Estratégico, envolvendo: o diagnóstico estratégico externo; o diagnóstico estratégico Interno; e a construção de cenários;
c) Formulação Estratégica, que engloba a avaliação da política de negócios; a análise de modelos de cooperação e de concorrência; e a definição de objetivos e formulação das estratégias;

d) Implementação Estratégica, que determina o desempenho organizacional; a governança cooperativa e a liderança estratégica;

e) Avaliação Estratégica, com a auditoria de desempenho e de resultados.

Num segundo momento, no processo de gestão estratégica deve ser realizado o planejamento tático, que está relacionado aos objetivos de curto prazo e às ações que afetam somente uma parte da empresa. Ele tem como objetivo otimizar determinada área e não a empresa como um todo, sendo desempenhado por níveis organizacionais inferiores.

E em um terceiro nível, o planejamento operacional, por sua vez, pode ser considerado como a formalização das metodologias de desenvolvimento e implantação estabelecidas. Nesse nível se encontram, basicamente, os planos de ação ou planos operacionais.

Conforme mencionado acima, a concepção estratégica é a primeira etapa do planejamento estratégico, desdobrando-se nas seguintes etapas:

a) **Intenção estratégica**: representa a alavancagem de todos os recursos internos, capacidades e competências essenciais de uma organização com a finalidade de cumprir suas metas no ambiente competitivo. Ela somente pode existir quando todas as pessoas da organização em todos os níveis e áreas estão empenhadas na busca de um desempenho que seja único e significativo. É essa intenção estratégica que proporciona aos membros da organização a meta que merece seu esforço, dedicação e compromisso pessoal de permanecer como o melhor no setor ou derrubar o concorrente que está no pódio.

b) **A declaração de missão:** a missão é o elemento que traduz as responsabilidades e pretensões da organização junto ao ambiente e define o negócio, delimitando o seu ambiente de atuação. A missão da organização representa sua razão de ser, o seu papel na sociedade.

Na lição de Chiavenato,

> A missão de uma empresa é a razão de ser pela qual ela foi criada e desenvolvida. Significa o papel que a empresa assume na sociedade em que está inserida. Representa a causa que a organização defende e pela qual se organiza e luta. Quando as pessoas absorvem a missão organizacional, deixam de trabalhar

> pela empresa para lutar por uma causa da empresa Isso é uma diferença importante. (2005, p. 45)

A importância e objetivos da declaração de missão de uma organização fazem com que ela:

- Ajude a concentrar o esforço das pessoas para uma direção comum;
- Ajude assegurar que a organização não persiga propósitos conflitantes;
- Sirva de base lógica geral para alocar recursos organizacionais;
- Estabeleça áreas amplas de responsabilidade por tarefa dentro da organização;
- Atue como base para o desenvolvimento de objetivos organizacionais.

É recomendável que a declaração de missão seja definida após ampla discussão em todos os níveis da organização ou, no mínimo, entre todas as pessoas dos principais níveis de decisão, pois isto fará com que todos os integrantes tenham a mesma percepção do significado e da finalidade da organização.

a) **Visão institucional:** a visão mostra uma imagem da organização no momento da realização de seus propósitos no futuro. Trata-se não de predizer o futuro, mas de assegurá-lo no presente. A visão institucional cria um "estado de tensão" positivo entre o mundo como ele é e como gostaríamos que fosse, ou seja, o que sonhamos. Criar uma visão de futuro é construir uma imagem viva de um estado futuro, ambicioso e desejável, relacionado com os *stakeholders*, e que seja superior, em algum aspecto relevante, ao estado atual.

Segundo Chiavenato,

> A visão reflete o projeto de futuro de uma empresa ou empreendimento. Significa o que a empresa pretende ser ao longo do tempo e, portanto, envolve objetivos organizacionais que fornecem foco e clareza. Em geral, a visão procura apresentar uma imagem intensamente positiva do que a empresa pode ser ou fazer no futuro. Quando expressa com palavras e ações do principal líder

> da companhia, torna-se uma poderosa fonte de energia que mobiliza e congrega as pessoas. Assim, a visão requer criatividade e paixão. O líder que cria uma visão para sua empresa deve ter com ela um profundo compromisso emocional e nela acreditar de corpo e alma. (2005, p. 45)

Efetivamente, o objetivo principal de uma visão de futuro é pintar um quadro de onde se quer que a organização chegue, e o que se quer que ela seja no futuro.

Como se pode notar, a missão é racional e leva à ação, enquanto a visão é passional e leva à motivação para atingir o objetivo da empresa e transformar a visão em realidade. A visão associada a uma declaração de missão compõe a intenção estratégica da organização.

b) **Princípios e valores:** um aspecto importante no processo de gestão estratégica é a cultura organizacional, que pode ser considerada como um padrão de assuntos básicos compartilhados, que um grupo aprendeu como maneira de resolver seus problemas de adaptação externa e integração interna e que funcionam bem a ponto de ser considerado válido e desejável para ser transmitido aos membros como forma correta de perceber, pensar e sentir em relação aos seus problemas.

Na visão de Chiavenato, "a cultura organizacional representa as normas informais e não escritas que orientam o comportamento dos membros de uma organização no dia-a-dia e que direcionam suas ações para o alcance dos objetivos organizacionais" (2005, p. 37).

Valores são padrões profundamente arraigados que influenciam quase todos os aspectos da vida das pessoas, definindo suas atitudes quanto a: julgamentos morais, respostas aos outros, compromissos em relação a metas pessoais e organizacionais. As pessoas são motivadas e tomam decisões com base em seus sistemas de crenças e valores, normalmente inconscientes.

Os princípios ou valores (ou crenças) são bússolas para a convivência no dia-a-dia dos membros de uma organização na busca do seu sucesso no presente; e para o processo de tomada de decisão e do comportamento da empresa no cumprimento da missão e na busca da visão, com vistas a assegurar o seu sucesso no futuro.

A compreensão dos valores da organização é de grande importância, pois permite tornar explícitos aspectos éticos e morais da organização;

motiva as pessoas para a ação; orienta comportamentos; torna mais claras as responsabilidades sociais; e impulsiona para grandes conquistas.

O maior desafio das organizações está em transformar os valores, em políticas, práticas e padrões de comportamento, influenciando positivamente as pessoas em todas as suas atividades.

Para Collins e Porras, na pesquisa que fizeram com um grupo de empresas que havia se mantido bem sucedidas nos últimos 50 anos, assim se manifestaram:

> Nossas pesquisas mostraram que um elemento fundamental para o funcionamento perfeito de uma empresa visionária é uma ideologia central – valores centrais e um objetivo além de simplesmente ganhar dinheiro – que orienta e inspira as pessoas em toda a organização e permanece praticamente inalterada durante muito tempo. (1995, p. 135)

2.1. Gestão do conhecimento estratégico

O diagnóstico estratégico de uma organização, também chamado de análise do ambiente, tem por objetivo mapear o maior número de variáveis que de alguma forma afetam direta ou indiretamente uma organização. É o procedimento necessário para responder a duas perguntas: Como diagnosticar os desafios ambientais futuros com os quais se defrontará a empresa? Como determinar a reação estratégica da empresa que garantirá o sucesso?

Mudanças são inevitáveis e algumas vezes inesperadas. O diagnóstico estratégico é uma ferramenta valiosíssima para prever ou adaptar-se às mudanças ou então, no mínimo, não ser surpreendido por elas.

O diagnóstico estratégico é muito importante para uma organização, pois lhe permite: descobrir a sua essência; criar um contexto para a formulação das estratégias; conhecer aspectos importantes (natureza do setor, tendências do mercado, intensidade da concorrência, etc.) que não estão sob seu controle; revelar as suas forças e fraquezas em seu momento atual.

Para que um diagnóstico sólido possa ser feito, é imprescindível analisar os fatores externos e internos, visto que as mudanças influenciam as organizações, obrigando-as a responderem através de novos paradigmas e novas estratégias.

2.1.1. *Diagnóstico estratégico externo*

O Diagnóstico Estratégico Externo (DEE), também chamado de Análise do Ambiente Externo, é a atividade mais complexa e, na maioria dos casos, a mais relevante do processo de planejamento estratégico. O produto do DEE é a identificação das oportunidades e ameaças que uma organização tem e que será a base para que ela atinja a sua eficácia organizacional.

O DEE se divide em duas análises distintas: o macroambiente - análise dos fatores demográficos, socioculturais e econômicos, dentre outros; e a análise setorial - análise dos concorrentes, fornecedores e clientes, dentre outros.

O macroambiente difere do ambiente setorial, porque o macroambiente é o universo geral no qual todas as organizações atuam, enquanto o ambiente setorial é aquele no qual uma organização específica atua. Entretanto, as fronteiras entre o macroambiente e o ambiente setorial não devem ser vistos como fronteiras estáticas, uma vez não se tratam de sistemas inertes, mas sim, de sistemas dinâmicos, pois tanto a empresa, como o macroambiente de uma forma geral são seres "organizacionais" vivos.

O macroambiente consiste no ambiente geral das organizações onde estão todos os fatores externos a uma organização, dentre os quais se destacam: os fatores demográficos, econômico, socioculturais, político-legais, tecnológicos e ecológicos.

Os fatores demográficos refletem mudanças demográficas, tais como tamanho, densidade e distribuição geográfica populacional, mobilidade da população e processo migratório e taxa de crescimento e envelhecimento da população, dentre outros. Estas mudanças quando bem monitoradas podem revelar grandes oportunidades ou problemas para uma organização sensível a um ou outro destes fatores. Estes são fatores que normalmente mudam de forma lenta e, portanto, quando bem monitorados não causam grandes sustos.

Os fatores econômicos refletem a situação econômica, refletem o estado geral da economia em termos de inflação, níveis de receita, produto interno bruto, desemprego e outros indicadores responsáveis por grande parte das mudanças no ambiente externo. As mudanças na economia trazem oportunidades e problemas às organizações e cabe aos seus gestores saber aproveitá-las ou contorná-las, além de continuamente monitorar as mudanças dos indicadores-mestres da economia, buscando minimizar fraquezas e capitalizar oportunidades.

Os fatores socioculturais são mudanças no sistema cultural e social, que afetam as ações de uma organização e a demanda por seus produtos ou serviços, tais como: direitos humanos, hábitos das pessoas em relação a atitudes e suposições, crenças e aspirações pessoais, relacionamentos interpessoais e estrutura social, estrutura educacional ou preocupação com a saúde e preparo físico, dentre outros.

Os fatores político-legais caracterizam-se por numerosas leis e inúmeras autoridades que exercem indireta e forte influência sobre as organizações. A legislação do País, seja na esfera federal ou estadual, afeta questões salariais, direitos dos empregados e as responsabilidades da organização por seus produtos, serviços e clientes. Por outro lado, as leis incentivam o aumento da qualidade de produtos e serviços em todo o mundo, alem de aumentarem a eficiência e competitividade das organizações.

Os fatores tecnológicos podem influenciar o uso do conhecimento e de técnicas da organização na produção de seus produtos e serviços, alem de afetarem suas características. Devidos às constantes mudanças na tecnologia, a administração deve se manter a frente dos mais recentes desenvolvimentos, para manter a competitividade da organização. Estes fatores possuem, em geral, uma velocidade de mudança muito grande, e, portanto, o grau de influência destes fatores em uma organização depende do seu grau de dependência em relação a eles.

Os fatores ecológicos são aqueles relacionados com o uso adequado e de forma sustentável dos recursos naturais de uma forma geral. Na atualidade eles exercem um grande impacto sobre a organização que não administrá-los de forma adequada, em função do crescente nível de consciência ambiental e de desenvolvimento ecológico da população.

O fato concreto é que os fatores do macroambiente exercem influência sobre uma organização e seus negócios e, portanto, são relevantes e devem ser considerados. As organizações precisam analisar estes fatores e suas mudanças, estando preparadas para usá-los a seu favor quando possível e minimizar os seus prejuízos quando for o caso. Em resumo, já que é difícil influenciar estes fatores do macroambiente, é fundamental, no mínimo, monitorá-los para não ser surpreendido por eles.

2.1.2. Diagnóstico estratégico interno

O Diagnóstico Estratégico Interno (DEI), ou análise do ambiente interno, é o retrato da realidade da organização no momento em que ele foi feito. É olhar para dentro da organização. Este olhar para dentro permite a identificação de potencialidades e vulnerabilidades, agrupando perspectivas internas divergentes e com isto vislumbrando um "retrato" mais focado e comprèensivo da organização. Este retrato deve, no mínimo, analisar as principais áreas ou funções da organização, como por exemplo, recursos humanos, marketing ou produção, bem como a utilização e em que nível de ferramentas de gestão, de sistemas e métodos organizacionais.

O Diagnóstico Estratégico Interno (DEI), também conhecido como análise da organização, é a atividade que permite que uma organização tome consciência real dos seus pontos fortes e fracos e está relacionada com a eficiência operacional.

A primeira etapa tem como objetivo analisar as principais funções que qualquer organização possui. O olhar deve ser feito na forma com a qual a organização desenvolve estas funções, através de perguntas bem elaboradas junto aos responsáveis pelas funções, bem como através de *brainstorm*[2] com pessoas que são afetadas por estas funções no interior da organização.

A segunda etapa tem como objetivo analisar as ferramentas de gestão, sistemas e métodos que são utilizados pela organização. Este olhar ultrapassa as fronteiras das principais funções quando analisadas isoladamente, pois cada uma das facetas que este olhar buscará, estará olhando a organização para dentro como um todo.

O alinhamento dos diagnósticos externos e internos produz as premissas que alicerçam a construção de cenários.

Esta análise, realizada com a aplicação do modelo SWOT, permitirá a identificação objetiva dos fatores críticos de sucesso da organização no ramo de atividade na qual ela opera ou planeja operar. Fatores Críticos de Sucesso (FCS) são os fatores que levam uma organização a cumprir sua missão (razão de ser) e atingir sua visão.

---

2. O termo inglês brainstorming, se traduzido literalmente significa "tempestade cerebral" ou tempestade de ideias. Mais que uma técnica de dinâmica de grupo, é uma atividade desenvolvida para explorar a potencialidade criativa de um indivíduo ou de um grupo, colocando-a a serviço de objetivos pré-determinados. A técnica propõe que o grupo se reúna e utilize a diversidade de pensamentos e experiências para gerar soluções inovadoras, sugerindo qualquer pensamento ou ideia que vier à mente a respeito do tema tratado. Com isso, espera-se reunir o maior número possível de ideias, visões, propostas e possibilidades que levem a um denominador comum e eficaz para solucionar problemas e entraves que impedem um projeto de seguir adiante.

Os FCS são fatores chave, ou seja, fatores cujo desenvolvimento será determinante e principal responsável para que uma organização se sobressaia em relação a seus concorrentes. A comparação dos FCS de uma organização com os seus concorrentes diretos ou indiretos permite identificar aqueles que são superiores, inferiores ou semelhantes aos das organizações comparadas. O resultado desta análise fornecerá de uma forma muito precisa os pontos fortes e fracos de uma organização.

Os pontos fortes são características ou forças internas controláveis da empresa, que, se bem utilizadas, permitem alcançar vantagem competitiva sobre seus concorrentes. Para os pontos fortes, devem-se ser realizadas ações estratégicas para fortalecê-los ainda mais como vantagem competitiva da organização.

Por outro lado, os pontos fracos são características ou forças internas controláveis, que, se expostas ao ambiente, dificultam alcançar vantagem competitiva sobre seus concorrentes. Para os pontos fracos, a estratégia deverá ser de reduzi-los.

2.2. Formulação estratégica

Ter estratégia é fazer escolhas. É escolher como uma organização vai se diferenciar das outras. Escolhas de fazer alguma coisa, do tipo: que clientes atender, que produtos ou serviços oferecer, e quais canais de divulgação utilizar. E também escolhas de deixar de fazer alguma coisa, conscientemente, do tipo: que clientes não atender, em quais canais não atuar e que produtos e/ou serviços não oferecer.

É definir o que é o melhor para a organização, e não apenas usar o que é bom para todas as outras organizações. As escolhas estratégicas representam os grandes caminhos definidos por uma organização para alcançar vantagem competitiva, uma questão fundamental na gestão estratégica.

Para Porter (2005), eficiência operacional é uma necessidade, mas não é o suficiente para a garantia do sucesso em longo prazo de uma organização. É preciso ter uma estratégia. É absolutamente imprescindível que os principais gestores de uma organização invistam tempo em traçar estratégias que a diferenciem de seus concorrentes.

Para Hamel e Prahalad (1995), as estratégias devem ser definidas sobre as competências básicas da organização, tentando aproveitar as oportunidades futuras do ambiente, na busca de vantagem competitiva sustentável. Existe espaço para uma série de estratégias de sucesso. O pior erro é não escolher. É tentar um pouco de tudo para, no fim, não conseguir nenhuma vantagem. Isto não funciona porque todas as boas estratégias envolvem escolhas.

Uma organização pode dizer que possui uma estratégia quando responde afirmativamente a essas três perguntas: A organização escolheu uma posição única, diferente dos demais? Optou por desempenhar atividades de marketing e desenvolvimento de produtos e/ou serviços de maneira diferente? A organização optou por não fazer determinadas coisas?

Quando uma organização consegue criar uma estratégia única, a sua posição se torna sustentável por muito mais tempo.

Definir os objetivos estratégicos é uma tarefa a ser conduzida pelos principais gestores de uma organização. Esta definição não é tarefa fácil, pois toda organização possui diferentes grupos com diferentes expectativas.

Estes grupos, os *stakeholders*, compreendem os funcionários, os clientes, os fornecedores, a direção, os conselhos, os financiadores, os parceiros, as autoridades governamentais e outras organizações que possuam uma relação direta ou indireta com a organização. Cada um desses grupos de interesse tem critérios diferentes a respeito do que esperam da organização.

Uma das formas mais conhecidas, difundidas e utilizadas é a análise SWOT, já mencionada no item anterior, que propõe uma avaliação dos pontos fortes (*strenghts*) e pontos fracos (*weaknesses*) da organização, a luz das oportunidades (*opportunities*) e das ameaças (*threats*) do ambiente externo. A ênfase está nas avaliações das situações externa e interna porque são os fatores considerados muito relevantes para a formulação da estratégia. Após verificar as diversas possíveis estratégias, então é feita a escolha das melhores. As estratégias resultantes deste processo devem ser únicas, simples e explícitas.

O produto da analise SWOT é uma série de decisões sobre que oportunidades serão aproveitadas, quais ameaças serão enfrentadas, que pontos fracos serão minimizados e que pontos fortes serão fortalecidos. Uma incidência de ameaças externas a muitos pontos fracos indica a necessidade de sobrevivência, ou seja, a empresa precisa reduzir custos, desinvestir ou até vender este negocio. Já se a empresa encontrar forte relacionamento de pontos fracos internos com oportunidades externas deve-se buscar rapidamente o crescimento para solidificar o posicionamento da empresa no setor. Quando se tem maior incidência de pontos fortes aliados a oportunidades, tem-se, provavelmente uma posição, mesmo que potencial, de liderança de mercado, necessitando a empresa desenvolvê-la. Por fim, um cruzamento de ameaças e pontos fortes indica uma possível estagnação do negócio onde a empresa tem uma posição de liderança e aponta para a necessidade de manutenção de sua posição.

Outra forma de se formular a estratégia é através dos modelos de Porter, segundo o qual:

> o desenvolvimento de uma estratégia competitiva é, em essência, o desenvolvimento de uma fórmula ampla para o modo como a empresa irá competir, quais deveriam ser suas metas e as políticas necessárias para levar-se a cabo estas metas. (2005, p, 175)

Assim sendo, a estratégia de uma organização deve ser baseada na estrutura de mercado no qual ela atua, não dando muita ênfase às capacidades internas da empresa, tendo como resultado deste processo estratégias genéricas.

Diversas outras são as correntes que propõem modelos diferentes para a formulação estratégia nas organizações. Uma delas, que vem recentemente se destacando é o da organização que aprende. Neste caso, a formulação das estratégias caminha ao lado da sua implantação, ou seja, não existe uma dissociação entre pensar e agir. Os defensores desta corrente de pensamento estratégico defendem que numa organização que aprende, todas as pessoas que fazem parte da organização podem contribuir para o processo de criação das estratégias e a organização tem a possibilidade de experimentar e consequentemente aprender. Assim, a formulação das estratégias passa a ser um processo de aprendizado coletivo ao longo do tempo.

O relevante é que o processo de formulação de estratégias possui diversas formas, de acordo com cada tipo de organização. Vale destacar que atualmente, devido a velocidades das mudanças, com maior ênfase na globalização e nas mudanças tecnológicas, é cada vez mais considerado o fator humano dentro das organizações, estimulando a criatividade, iniciativa e o aprendizado contínuo.

No processo de formulação da estratégia, também devem ser observadas algumas características, que podem ser decisivas para a compreensão e o engajamento dos membros da organização. Júlio (2005, p. 45) sugere que as estratégias a serem formuladas sigam o modelo conhecido como SMART, anagrama que deve ser assim interpretado:

- S – eSpecífico: uma ação ou comportamento observável tem de poder ser descrito, ligado a uma taxa, número, porcentagem ou frequência. Por exemplo, aumentar os índices de esclarecimento de furtos em 20%;
- M – Mensurável: de modo geral, é o que se pode medir por meio de um sistema ou método. No exemplo mencionado acima, pode-se medir o crescimento de vendas por meio do resultado do faturamento;
- A - Alcançável: esse é o princípio de estabelecer um ponto B a ser alcançado a partir de um ponto A conhecido. Se a meta for difícil demais, em relação à capacidade da organização, os funcionários nem "dão a partida";
- R – Relevante: o objetivo tem de ser tão relevante para a empresa e para seus indivíduos que consegue lhes injetar ânimo para lutar por ele. Aqui, relevante também pode ser considerado como sinônimo de "desafiador";
- T - Tempo definido: é imprescindível sugerir o estabelecimento de uma data (dia, mês e ano) para o objetivo ser totalmente alcançado. Além disso, é altamente recomendável dividi-lo em várias metas, cada qual com sua data.

2.3. Análise dos públicos de interesse (*stakeholders*)

Quando foi definida a estratégia, já se observou que só se tem sucesso na estratégia elaborada ao atender às necessidades dos públicos de interesse, comumente denominados como *stakeholders*.

Em inglês *stake* significa interesse, participação, risco. *Holder* significa aquele que possui. Assim, *stakeholder* também significa **parte interessada** ou **interveniente.** É uma palavra muito utilizada nas áreas de **comunicação, administração** e **tecnologia da informação,** cujo objetivo é designar as pessoas e grupos mais importantes para um planejamento estratégico ou plano de negócios, ou seja, os públicos de interesse.

O *stakeholder* é uma pessoa ou um grupo, que legitima as ações de uma organização e que tem um papel direto ou indireto na gestão e resultados dessa mesma organização. Desta forma, um *stakeholder* pode ser afetado positivamente ou negativamente, dependendo das suas políticas e forma de atuação.

Alguns exemplos de *stakeholder* de uma empresa podem ser os seus funcionários, gestores, gerentes, proprietários, fornecedores, concorrentes, ONGs, clientes, o Estado, credores, sindicatos, mídia e diversas outras pessoas ou empresas que estejam relacionadas com uma determinada ação ou projeto.

Ao entender a importância dos *stakeholders*, o responsável pelo planejamento ou plano consegue ter uma visão mais ampla de todos envolvidos em um processo ou projeto e saber de que maneira eles podem contribuir para a otimização deste. Os *stakeholders* são elementos fulcrais em termos de planejamento estratégico de uma empresa ou organização.

É fundamental que os *stakeholders* sejam identificados o quanto antes, visto que eles influenciam nas restrições e nos requisitos do planejamento estratégico a ser colocado em prática.

Dessa forma, quando os gestores não mapeiam corretamente os *stakeholders*, com seus interesses e o seu grau de influência, podem se deparar com fracassos no processo.

Cada *stakeholder* apresenta um grau diferente de influência sobre o projeto, o que torna necessário reunir esforços para a classificação de cada um, garantindo a devida atenção a eles conforme seu grau de importância.

Uma das formas de listar todas as partes interessadas é por meio de uma sessão de *brainstorming*. Nessa fase, não importa o grau de interesse ou de impacto que cada *stakeholder* exerce, basta que correspondam a pessoas ou organizações afetadas.

Além do *brainstorming* inicial, pesquisas, *benchmarking*[3] com a concorrência e conversas com os clientes podem auxiliar a fazer um melhor levantamento do público envolvido.

Depois de listar e identificar os *stakeholders*, o gestor deve buscar entender quais são os reais interesses de cada um. Assim, se algum *stakeholder* tiver interesses conflitantes que possam prejudicar o plano estratégico, o gestor não será pego de surpresa.

---

3. A expressão *benchmarking* consiste no processo de busca das melhores práticas numa determinada indústria e que conduzem ao desempenho superior. É visto como um processo positivo e através do qual uma empresa examina como outra realiza uma função específica a fim de melhorar a forma como realiza a mesma ou uma função semelhante. O processo de comparação do desempenho entre dois ou mais sistemas é chamado de *benchmarking* e as cargas usadas são chamadas de *benchmarks*.

A partir do momento que se conhece as partes interessadas, quem são e o que querem, é ainda importante definir o nível de influência de cada um. O nível de influência corresponde à capacidade que a parte interessada tem de alavancar os resultados ou de impedi-los. É recomendado, inclusive, que se use um diagrama para melhor organizar e entender esse nível de influência. Ou seja, quais serão as formas de interagir com os *stakeholders*, o tipo de comunicação empregado, a maneira de obter apoio, que tipo de riscos cada um pode trazer aos planos da organização e as respectivas estratégias para mitigá-los.

2.4. Avaliação estratégica

A avaliação estratégica é uma etapa de fundamental importância no processo de planejamento estratégico, e é desenvolvida através da auditoria de desempenho e resu0ltados (reavaliação estratégica). Trata-se de rever o que foi implementado para decidir os novos rumos do processo, mantendo as estratégias implantadas com sucesso e revendo as más estratégias. A reavaliação das estratégias aparece como resultado de um processo de medição de diversos grupos de influências associados a cada estratégia.

3. O MARKETING E A ATIVIDADE POLICIAL

Antes de abordar especificamente as questões ligadas ao marketing policial, necessário se faz estabelecer alguns aspectos conceituais em torno do marketing, para depois delimitar o seu objetivo no plano policial.

Para a American Marketing Association (AMA), entidade americana referência na área, "marketing é a atividade, conjunto de instituições e processos para criar, comunicar, entregar e trocar ofertas que tenham valor para os clientes, parceiros e sociedade em geral" (2014). Já para Kotler, "marketing é o processo social por meio do qual pessoas e grupos de pessoas obtêm aquilo de que necessitam e o que desejam com a criação, oferta e livre negociação de produtos e serviços de valor com outros" (2001).

Nas palavras de Kotler:

> O marketing está por toda parte. Formal ou informalmente, pessoas e organizações se envolvem em inúmeras atividades as quais podemos chamar de marketing. Nos dias atuais, um bom

> marketing, no sentido de abrangente e cumpridor do seu papel, pode ser considerado fundamental para o sucesso de qualquer tipo de ação. No entanto, o que torna um bom marketing está em constante evolução e transformação. (KOTLER, 2012, p. 29)

Marketing é uma área focada na geração de valor sobre o produto, serviço ou sobre a própria marca de um negócio, tendo como objetivo a conquista e a fidelização de clientes. É o processo de gerenciamento responsável por identificar, antecipar e **satisfazer as necessidades do cliente** com lucro.

Aí está uma importante contribuição para entender o que é marketing: as necessidades do cliente. Elas são inerentes ao ser humano – não é o marketing que as cria. Porém, essa atividade deve saber perceber as carências das pessoas e despertar o desejo para supri-las.

Para que uma organização seja verdadeiramente voltada para o cliente, a compreensão do que o marketing deve permear toda a empresa, como uma filosofia, um jeito de ser da organização. Deve-se incorporar a noção de que a relação com os clientes é constante e interativa, e isso deve perfazer todos os processos internos, seja de um departamento técnico ou de atendimento, tendo sempre como foco a satisfação dos clientes. O marketing não pode ser resumido apenas às atividades táticas e operacionais de um departamento. A preocupação com o cliente deve fazer parte da realidade de todos os funcionários. A equipe gestora deve reconhecer a importância de estruturar a organização para a satisfação das necessidades e desejos do público-alvo e transmitir essa filosofia para todos os níveis. Aqui se amplia a maneira tradicional de pensar o marketing, deixando de ser entendido como apenas um departamento dentro da organização.

Essas definições não deixam escapar, também, o objetivo central das empresas: **o lucro**. Afinal, é isso que garante a sua sobrevivência e competitividade no mercado – e esse é um dos motivos de existir do marketing.

Mas vale ressaltar que o marketing também pode ser adotado por organizações que não visam o lucro – instituições públicas e ONGs, por exemplo. Nesses casos, os objetivos do marketing se voltam para o retorno em outras formas, como engajamento ou fortalecimento da marca. O importante é entender a quem se atende e oferecer o que é mais adequado para cada situação.

Engana-se, portanto, quem pensa que ele serve só para vender produtos. Os objetivos do marketing podem ser muito mais abrangentes e ajudar a alcançar diferentes resultados para as organizações, dentre os quais se destaca: vender mais, fidelizar clientes, aumentar a visibilidade e gerenciar uma marca.

Assim sendo, marketing tem tudo a ver com *branding*, que é a gestão das estratégias de marca de uma empresa, com o objetivo de torná-la mais desejada e positiva na mente de seus clientes e do público geral. E, para que eles absorvam a imagem da marca, ela precisa tornar os seus valores e propósitos tangíveis por meio das estratégias de marketing.

Marketing também tem tudo a ver com relacionamento. Ao estreitar os laços com os seus públicos (não apenas clientes, mas também parceiros, colaboradores etc.), uma empresa consegue fortalecer a sua marca.

As estratégias de marketing não miram apenas para fora da organização. Dentro das suas fronteiras, existe um público que é essencial para o seu sucesso: **os colaboradores**. Trata-se do endomarketing, que visa engajar o público interno, tornando-os mais felizes com o seu trabalho e propagadores da marca.

O marketing é, portanto, **um dos pilares da administração.** Kotler (2012) mostra que o marketing, como ponto central das empresas, está diretamente relacionado à administração e deve direcionar sua visão, sua missão e seu planejamento estratégico. Não é por acaso que ele trabalha com o conceito de **administração de marketing**.

Existem vários tipos de marketing. Diferentes estratégias, canais e abordagens podem ser adotados pelas organizações. E cada um deles pode servir para atingir diferentes objetivos, conversar com determinados públicos e suprir determinadas necessidades dos negócios. Alguns exemplos são: marketing de conteúdo; marketing digital; marketing interativo; marketing direto e indireto; marketing pessoal; marketing de relacionamento; trade marketing; marketing nas redes sociais; marketing de guerrilha; e marketing social.

Feitas essas breves considerações a respeito desse vasto tema, é possível se estabelecer a importância da criação de planos de marketing pela administração policial, a partir de um bom planejamento estratégico, que leve em consideração a necessidade de construir uma marca positiva perante os seus públicos interno e externo.

No Brasil, a preocupação da população com as questões de segurança pública é facilmente percebida. Sabe-se, todavia, que o combate à criminalidade não se faz somente mediante a atuação estatal, com o emprego de recursos humanos e materiais, sendo necessária a participação de toda a comunidade. Nesse sentido é emblemática a redação do artigo 144 da CF: "A segurança pública, dever do estado, direito e **responsabilidade de todos**..." (g.n.).

Para que isso se torne realidade, é necessário que as instituições policiais possuam uma imagem positiva, conquistando o respeito, a confiança e a colaboração da comunidade.

Analisando algumas questões institucionais sob o ponto de vista policial, algumas indagações merecem ser feitas: As policias conhecem o seu público? Seus policiais são reconhecidos? Os policiais sabem o valor do serviço que prestam à comunidade? Qual é a imagem da instituição perante a comunidade? Que fatores mais contribuem para a formação dessa imagem?

São inúmeras questões a serem consideradas olhando para dentro e para fora da instituição. O fato é que nenhuma ação voltada essencialmente para o público externo funciona de forma satisfatória sem uma adequada estratégia de marketing interno. Isto porque é o funcionário que, afinal, incorpora e dá visibilidade à instituição através da sua atuação externa. A imagem pública de uma instituição tem que ser criada, portanto, em seu interior e divulgada externamente por ela mesma.

Para que isso ocorra, deve ser criado um bom plano de marketing, a partir das definições do planejamento estratégico, que engloba a missão, a visão e os valores da instituição policial, bem como seus objetivos e metas.

O plano deve levar em consideração uma adequada análise de ambiente interno e externo, apontando as forças e fraquezas do ambiente interno, e também as oportunidades e ameaças do ambiente externo, utilizando-se geralmente a análise de SWOT, apresentada no capítulo anterior.

Outro aspecto de grande importância na elaboração do plano de marketing é a segmentação do seu mercado de atuação, apontando os públicos-alvo que serão trabalhados, definindo-se o posicionamento que será adotado para cada um deles.

Sob a ótica policial, essa segmentação deve levar em consideração diversos fatores identificados no planejamento estratégico, exigindo a utilização das estratégias mais adequadas para que a comunicação se estabeleça da melhor forma com as pessoas, de acordo com as suas características e os objetivos que se pretende alcançar. Organizações sem fins lucrativos, como é o caso das polícias, usam o marketing para melhorar sua imagem, obter a colaboração da população através de informações, competir por recursos públicos do orçamento, muitas vezes escassos, entre outros.

O marketing é, portanto, uma função organizacional e um conjunto de processos destinados a criar, comunicar e entregar valor para os clientes e administrar as relações com eles de forma que beneficie a organização e seus *stakeholders*.

Para que esses objetivos sejam alcançados, por certo é necessária a atuação dos profissionais de marketing, que são as pessoas preparadas para administrar a demanda, procurando influenciar seu nível, sazonalidade e composição para bens, serviços, eventos, experiências, pessoas, lugares, propriedades, organizações, informações e ideias.

Sabe-se, entretanto, que as organizações policiais normalmente não dispõem desse tipo de profissional, dependendo assim de ações publicitárias promovidas pelos governos, que nem sempre visam alcançar os mesmos objetivos da instituição, mas sim destacar investimentos, dados estatísticos, ações bem sucedidas, como resultado das suas políticas públicas, não necessariamente promovendo a imagem da instituição policial.

Deve-se ter em mente, todavia, que o marketing não é feito somente pelo departamento ou pelos profissionais de marketing. Para que uma organização possa criar e apresentar um bom plano de marketing, todos os seus integrantes, a começar pelas lideranças, devem pensar e agir como profissionais de marketing, o que somente é possível a partir de um correto planejamento, do treinamento de pessoas e uma ótima comunicação interna.

No que tange ao treinamento, isso é possível a partir da atuação das escolas ou academias de polícia, que deveriam inserir nos seus conteúdos informações relativas aos conceitos e ferramentas de marketing, capacitando os policiais em todos os níveis, e especialmente suas lideranças, para que possam atuar de forma condizente com as necessidades institucionais, visando a construção e o fortalecimento da marca institucional, a partir das definições estabelecidas no seu planejamento estratégico.

4. O PAPEL DAS LIDERANÇAS

As grandes transformações sociais só acontecem devido à convicção de algumas pessoas, e esse fenômeno não é diferente nas organizações.

A visão, a dedicação e a integridade dos gestores são determinantes para o sucesso das organizações, e a característica básica e fundamental que se espera dessas pessoas é a liderança.

Segundo Chiavenato,

> A liderança é um fenômeno social que ocorre exclusivamente em grupos sociais. Ela é definida como uma influência interpessoal exercida em uma dada situação e dirigida pelo processo de comunicação humana para a consecução de um ou mais objetivos específicos. (2005, p. 183)

A implementação da gestão de processos nas diferentes áreas é um dos maiores desafios das organizações. O papel da liderança neste contexto é fundamental, pois ela é a responsável pelos resultados, que só acontecem por meio de pessoas, com orientações baseadas em processos.

Para ser bem sucedido como líder, o gestor deve saber lidar com aspectos relativos à motivação, à comunicação, às relações interpessoais, ao trabalho em equipe e à dinâmica do grupo.

A liderança é o processo dinâmico de exercer influência sobre o indivíduo ou grupo de indivíduos para aglutinar e impulsionar esforços em função do alcance de objetivos em uma determinada situação. Dessa definição, segue-se que o processo de liderança é uma função de três variáveis: o líder, o grupo e a situação em que se encontram. A liderança não é uma habilidade nata, nem privativa de alguns poucos superdotados. Ela tem de ser aprendida e incorporada ao comportamento do gestor para fazer parte do seu cotidiano de trabalho.

Um excelente líder busca melhor resultado a cada dia e, para isto, investe seu tempo nos processos e entende que são as pessoas que alcançam os resultados almejados, mas não todas. Estamos falando dos profissionais "certos", ou seja, aqueles engajados, treinados, bem informados e comprometidos com a meta.

Todas as pessoas precisam de conhecimento para desempenhar bem sua função e os líderes devem ter três princípios de trabalho. São eles: liderança, devido ao seu contato direto com pessoas; técnica, que lhe garante o conhecimento específico inerente a cada função; e método, que pode ser traduzido como o caminho para o resultado.

Ao longo do tempo, diversos autores tentaram definir estilos de liderança, que seria definido pelo padrão recorrente de comportamento exibido pelo líder.

Segundo Chiavenato (2005), três estilos básicos de liderança são apresentados e merecem ser compreendidos.

O primeiro deles é a liderança autocrática, que apresenta essencialmente as seguintes características:

a) Quanto ao processo de tomada de decisões: apenas o líder decide e fixa as diretrizes, sem qualquer participação do grupo;
b) Quanto à programação dos trabalhos: o líder determina providências para a execução das tarefas, uma por vez, na medida em que são necessárias e de modo imprevisível para o grupo;
c) Quanto à divisão do trabalho: o líder determina qual a tarefa que cada um deverá executar e qual seu companheiro de trabalho;
d) Quanto à participação do líder: o líder é pessoal e dominador nos elogios e nas críticas ao trabalho de cada um.

Estudos realizados revelam que os grupos submetidos à liderança autocrática apresentam maior volume de trabalho, todavia, com evidentes sinais de tensão, frustração e agressividade.

O outro estilo de liderança que merece ser analisado é a liderança liberal, assim caracterizada:

a) Quanto à tomada de decisões: total liberdade para a tomada de decisões grupais ou individuais, com participação mínima do líder;
b) Quanto à programação dos trabalhos: a participação do líder no debate é limitada, apresentando apenas alternativas ao grupo, esclarecendo que poderia fornecer informações desde que solicitadas;
c) Quanto à divisão do trabalho: tanto a divisão das tarefas como as escolhas dos colegas ficam por conta do grupo. Absoluta falta de participação do grupo;
d) Quanto à participação do líder: o líder não faz nenhuma tentativa de avaliar ou regular o curso das coisas. Faz apenas comentários quando perguntado.

Observa-se que sob a liderança liberal, os grupos não se saem bem quanto à quantidade nem quanto à qualidade, apresentando fortes sinais de individualismo, desagregação do grupo, insatisfação, agressividade e pouco respeito ao líder.

O terceiro estilo de liderança analisado é a liderança democrática, que apresenta as seguintes características:

a) Na tomada de decisões: as diretrizes são debatidas e decididas pelo grupo que é estimulado e assistido pelo líder;

b) Na programação dos trabalhos: o próprio grupo esboça providências e técnicas para atingir o alvo com o aconselhamento técnico do líder. As tarefas ganham novos contornos com os debates;

c) Na divisão do trabalho: a divisão de tarefas fica a critério do grupo e cada membro tem a liberdade de escolher seus próprios colegas;

d) Em relação à participação do líder: ele procura ser um membro normal do grupo. É objetivo e estimula com fatos, elogios e críticas.

A análise da liderança democrática revela que do ponto de vista quantitativo, os grupos não chegam a apresentar o nível de produção tão elevado quanto os submetidos à liderança autocrática, todavia, a qualidade do trabalho é surpreendentemente melhor, acompanhada de um clima de satisfação, de integração grupal, de responsabilidade e de comprometimento das pessoas.

Observa-se assim que a liderança autocrática põe forte ênfase no líder, enquanto a liderança liberal põe forte ênfase nos subordinados. A liderança democrática põe ênfase tanto no líder como nos subordinados.

De fato, o que se observa é que não há um modelo único e perfeito de liderança, e que seja válido para toda e qualquer situação. Dessa afirmação, conclui-se que os estilos eficazes de liderança são situacionais, ou seja, cada situação requer um diferente estilo de liderança.

A liderança situacional, ou líder que se adapta diante de certas situações, consiste da relação entre o estilo do líder, maturidade do liderado e situação encontrada. Não existe um estilo de liderança adequado para todas as situações, mas ocasiões e estilos diferentes de gestão de pessoas.

O modelo de liderança define o comportamento da tarefa, sendo o líder encarregado de dirigir as pessoas, ditando suas funções e objetivos a serem alcançados.

O líder tanto manda cumprir ordens, como sugere aos subordinados a realização de certas tarefas, como ainda consulta os subordinados antes de tomar alguma decisão. Ou seja, ele utiliza coerentemente os três estilos de liderança.

A liderança situacional aumenta as opções e possibilidades de mudar a situação para adequá-las a um modelo de liderança ou então mudar o modelo de liderança para adequá-la à situação.

Uma abordagem situacional da liderança sugere uma gama de padrões de comportamentos de liderança que o administrador escolhe para as relações com os subordinados.

Cada tipo de comportamento está relacionado com o grau de autoridade utilizado pelo líder e o grau de liberdade disponível para os subordinados na tomada de decisões. A liderança pode estar centralizada na figura do chefe; como pode ser descentralizada nos subordinados. A escolha do modelo depende do grau de liberdade que será conferido aos subordinados, e conforme a situação envolvida.

Em situações em que o subordinado apresenta alto nível de eficiência, o líder pode dar-lhe maior liberdade nas decisões, mas se o subordinado apresenta dificuldade para a execução das tarefas, o líder pode impor-lhe maior autoridade pessoal e menor liberdade. É importante que o gestor adapte sua resposta frente a cada situação e do desempenho das tarefas dos subordinados.

Qualquer que seja o estilo de liderança predominante em cada pessoa observa-se que dentre todas as habilidades esperadas de um líder, há um ingrediente fundamental que é a **comunicação**. Estudos que mostram que 95% em média dos funcionários de organizações não entendem qual é a estratégia do local em que trabalha. Se os funcionários, que são os "executores" da estratégia, não a entendem, como esta pode ter sucesso de implementação?

Parece obvio que todo esse processo depende de uma excelente atuação no ambiente interno da organização, conforme estabelecido anteriormente. Entretanto, por melhor que seja o resultado alcançado pela organização, mediante a atuação do líder e seus liderados, sempre haverá a necessidade de se observar o ambiente externo, buscando captar as opiniões e atender as expectativas do seu público.

Isso somente é possível quando a liderança reconhece a importância de um plano de marketing e se dispõe a realizar, de forma profissional e efetiva, e que seja comunicado de maneira eficaz.

Uma comunicação eficaz depende também de um plano de comunicação, que engloba basicamente: a identificação do público-alvo, a determinação dos objetivos, a elaboração da comunicação, a seleção dos canais de comunicação e o estabelecimento do orçamento.

Levando-se em consideração as necessidades até aqui apontadas e a importância dos processos de gestão estratégica no plano organizacional, passa-se a analisar o perfil das lideranças, tomando por base algumas características institucionais da Polícia Civil do Estado de São Paulo (PCSP), e que provavelmente assemelham-se às demais pais afora.

De todos os conceitos até aqui revisados, considera-se que a compreensão clara do fenômeno da liderança estratégica, a assimilação dos estilos de liderança e a aplicação na gestão das organizações são fundamentais para o seu sucesso.

No caso da Polícia Civil, essa liderança necessariamente recairá sobre a figura dos delegados de polícia, que por força das disposições constitucionais contidas no § 4º do art. 144, anteriormente mencionadas, é "...dirigida por delegados de polícia de carreira...".

A simples análise da norma em comento já descarta qualquer dúvida no plano institucional, quando à função diretiva da Polícia Civil. Nesse caso, essa função de direção, vem acompanhada de inúmeras atribuições, que não devem restringir-se ao desempenho das atividades precípuas encerradas na presidência do inquérito policial no curso da investigação criminal e das funções de polícia judiciária. Significa muito mais do que isso.

A direção da Polícia Civil por parte dos delegados de polícia envolve outras tarefas, tipicamente associadas aos gestores de quaisquer instituições, públicas ou privadas, exigindo o domínio de conceitos e técnicas de gestão estratégica, com as suas variadas nuances, pois para a consecução dos objetivos são necessários recursos humanos, materiais, o domínio de tecnologias e, obrigatoriamente, a inter-relação com os demais atores do sistema e do complexo tecido social (*stakeholders*).

Pode-se dizer assim que a gestão institucional pressupõe um profissional preparado para não somente administrar unidades policiais, mas um verdadeiro líder estratégico.

Quando se abordou a questão da liderança estratégica alhures, procurou-se identificar os estilos de liderança e as habilidades essenciais de um bom líder.

Nessa linha, questiona-se: Os delegados de polícia estão preparados para exercer essa função de liderança institucional?

Para que essa indagação seja respondida e devidamente compreendida, deve-se primeiramente esclarecer que em hipótese alguma há que se duvidar da capacidade individual de qualquer autoridade policial, tampouco fazer-se conjecturas de cunho pessoal. Conforme já afirmado, os delegados de polícia são os dirigentes da Polícia Civil, e assim vem desempenhando bravamente há anos, com mais acertos do que erros.

Todavia, a complexidade das relações institucionais, tem exigido cada vez mais desses profissionais, não apenas no contexto da aplicação da lei sob a ótica garantista definida pela ordem constitucional, mas também no que tange às relações humanas, internas e externas.

Para que a questão seja devidamente compreendida, permitindo o estabelecimento de diretrizes a serem seguidas pelos delegados de polícia como líderes estratégicos da Polícia Civil, deve-se inicialmente perquirir sobre a existência do planejamento estratégico para em seguida analisá-lo. Caso a resposta seja negativa, o primeiro passo é o seu desenvolvimento imediato. É absolutamente inaceitável que uma instituição desse relevo não o tenha.

No caso da PCSP, com base nas informações que se dispõe acerca da existência do referido planejamento[4], devem ser observados três aspectos essenciais: missão, visão e valores, através dos quais já se tem um excelente ponto de partida.

A missão da PCSP foi assim definida: "exercer as funções de polícia judiciária e a investigação criminal, como instituição essencial à justiça e à segurança pública, promovendo a solução de conflitos e garantindo o bem-estar coletivo e o respeito à dignidade da pessoa humana".

No que tange à visão institucional, o que se tem é: "ser referência nacional e internacional como instituição policial democrática, jurídica, autônoma, imparcial, eficiente e eficaz, indispensável à tutela dos direitos e garantias fundamentais".

Quanto aos valores institucionais encontram-se: legalidade; ética; eficiência; probidade; inovação; responsabilidade socioambiental; transparência; excelência gerencial.

4. Consubstanciado na Portaria DGP-43 de 13 de agosto de 2010, foi constituído o Grupo de Estudos para o Planejamento Estratégico da Polícia Civil do Estado de São Paulo (GC-PEPC). Este grupo teve como incumbência a elaboração de Projeto Estratégico para a Polícia Civil paulista, contemplando propostas para: implementação de planejamento estratégico; seleção de ações estratégicas; criação de indicadores estratégicos.

A análise desses três aspectos, cruciais para que as organizações de qualquer natureza possam alicerçar suas atividades, sabendo quais são os seus objetivos, o futuro desejado e as bases axiológicas para que isso ocorra, foram muito bem identificadas.

Questiona-se, todavia, se foram de fato assimiladas institucionalmente. Com a devida vênia, o que se pode observar nos últimos tempos é que esse importante trabalho desenvolvido pelo grupo responsável pelo planejamento estratégico da PCSP, não foi sequer divulgado. Assim sendo, de que adianta se falar em planejamento estratégico se o mesmo não é difundido, compreendido, assimilado e integrado ao cotidiano dos policiais que deverão colocá-lo em prática?

Essa constatação revela um grave problema sob a ótica da liderança, pois a ela incumbe esse papel. A partir do momento que todos os delegados de polícia estejam comprometidos com os parâmetros básicos definidos no seu planejamento estratégico, com as naturais e necessárias adequações ao longo do tempo, a possibilidade de que ele se concretize é muito maior. E de fato não há outro caminho. Se os próprios líderes não conhecem o planejamento, ou não se comprometem com a sua realização, é impossível que surta os efeitos desejados.

E esse é um problema muito mais grave do que se possa imaginar, pois nesse complexo universo sistêmico, as instituições que não traçarem o seu plano, acabarão fazendo parte do plano de outras.

Essas considerações levam em conta a análise ambiental externa, identificada no planejamento estratégico, sobre diversos aspectos, e que deve ser cuidadosamente observado pelos líderes.

O primeiro deles, diz respeito aos *stakeholders,* ou seja, as pessoas ou organizações com as quais se estabelece constante interação e com reflexos no dia a dia institucional, como: agentes governamentais, crime organizado, entidades não estatais atuantes na segurança (empresas particulares de investigação, universidades), sociedade civil, mídia etc.

É de extrema importância que, no trato diário com estes elementos, se tenha sempre em mente o planejamento estratégico, com vistas a torná-lo produtivo e consentâneo com os interesses institucionais. As tratativas junto aos agentes governamentais são fundamentais para que recursos sejam viabilizados; o enfrentamento do crime organizado exige estratégias diferenciadas e sofisticadas, lastreadas em processos de inteligência policial e recursos tecnológicos bem diferentes da criminalidade comum; a proximidade com a sociedade civil organizada é de grande valia na defesa de projetos e ações, bem como na sensibilização do governo; o contato com a mídia, formadora de opinião em massa deve ser cuidadosamente analisado, com potencial benéfico ou extremamente maléfico, conforme a conduta adotada.

Todos esses parâmetros evidenciam a importância de se estabelecer, num processo de liderança estratégica, o posicionamento institucional no ambiente externo, em face dos desafios cotidianos.

Do mesmo modo, é através do processo de liderança que se determina a estrutura, a cultura e a filosofia organizacional. O primeiro, mais dependente de ações governamentais, decorrentes do relacionamento estabelecido, enquanto que os demais diretamente ligados ao modo de agir das lideranças.

Cultura e filosofia organizacional são frutos dos saberes e experiências, acumuladas a repassadas ao longo do tempo, e que acabam por definir o modo de pensar e agir das pessoas que a integram. Costuma-se afirmar no mundo corporativo que uma das principais qualidades de um líder é a generatividade, que se expressa pela capacidade de formar novos lideres, o que somente ocorre em ambientes organizacionais culturalmente favoráveis.

Do mesmo modo, o acompanhamento orçamentário ligado ao sistema é estratégico, pois é através dele que se viabilizam as ações, tornando a visão de futuro possível, ou uma mera ilusão. É através de disposições orçamentárias que se viabiliza financeiramente a instituição visando suprir às suas necessidades, materiais e humanas.

Outro aspecto de suma importância no trabalho de planejamento estratégico é a elaboração de matriz de SWOT, identificando-se os pontos fortes e fracos, bem como das oportunidades e ameaças, que cercam a instituição. Debruçar-se sobre a matriz para compreendê-la e adotar as estratégias corretas em face dos cenários apresentados é uma atribuição típica das lideranças.

As forças e as fraquezas são uma representação do momento presente. Por outro lado, as oportunidades e as ameaças representam o que a instituição espera do futuro. Deste modo, a análise SWOT deve relacionar as forças com as oportunidades e as fraquezas com as ameaças.

Se relacionados os pontos fortes com as oportunidades, provavelmente existe grande possibilidade de fortalecimento institucional. O grande erro estratégico, todavia, seria desprezar os pontos fracos e ameaças.

O importante é que as conclusões retiradas de uma análise SWOT sejam apresentadas e submetidas a debate perante os líderes da organização, de modo a que conduzam à implementação de medidas concretas, com objetivos, prazos e responsabilidades claramente definidos. Só desta forma se poderá retirar um benefício desta valiosa ferramenta. De outra forma, a sua utilização poderá tornar-se inútil.

O que se tem, portanto, é a necessidade de uma cuidadosa análise das informações obtidas durante o processo de planejamento estratégico, viabilizando-se a elaboração do mapa estratégico, apontando para a realização de ações em diversas direções.

Espera-se assim que dos delegados de polícia, atuem como líderes estratégicos, participando do planejamento estratégico, avaliando cenários e determinando os destinos da Polícia Civil, sempre baseado num comportamento ético e probo. Sua conduta é o espelho da instituição. Portanto, a imagem institucional está diretamente atrelada à maior ou menor habilidade dessas autoridades no exercício de suas atribuições à frente da polícia.

5. CONSIDERAÇÕES FINAIS

A partir dos conceitos e considerações formuladas, constata-se que nenhuma organização, privada ou pública, pode prescindir de uma gestão estratégica, desenvolvida a partir dos conhecimentos largamente difundidos nas teorias e práticas da administração. A carência de uma estratégia bem formulada e corretamente aplicada pode ser um fenômeno devastador para qualquer instituição, inclusive para as policiais.

Para que se possa reconhecer a existência de uma gestão considerada estratégica, deve-se identificar o seu principal instrumento que é o planejamento estratégico.

A partir daí, com essa valiosa ferramenta administrativa devidamente elaborada, observa-se que é necessário e perfeitamente possível o desenvolvimento de um planejamento de marketing pelas instituições policiais, o que depende da conscientização e da iniciativa de seus líderes.

O objetivo do referido planejamento é identificar a percepção que se tem da organização policial e, a partir daí, definir estratégias voltadas à melhoria dessa percepção, com o fortalecimento da marca institucional.

Um trabalho dessa natureza está baseado em algumas premissas inerentes ao setor de segurança pública, considerado em todas as esferas da sociedade como um serviço essencial e que, portanto, proporciona legitimidade para a busca de melhores condições de trabalho, do ponto de vista material e humano, ampliando a qualidade e a capacidade de prestação de serviços.

Para que isso se concretize, há um elemento fundamental a ser conquistado pela polícia, que é a confiança da população. Isso somente é possível com a melhoria da qualidade dos serviços, mediante maior disponibilidade de recursos e maior adequação do policial às suas funções, associado a uma estratégica de marketing que divulgue de forma positiva a marca policial. Uma marca forte se constrói a partir de uma clara definição dos atributos pelos quais uma organização pretende se posicionar na mente de seus clientes e da comunidade em que atua.

6. REFERÊNCIAS BIBLIOGRÁFICAS

BRASIL, Constituição (1988). *Constituição da República Federativa do Brasil*, obra coletiva de autoria Saraiva, com a colaboração de Antonio Luiz de Toledo Pinto [et alli], 33. ed., São Paulo: Saraiva, 2006.

CHIAVENATO, Idalberto. *Introdução à teoria geral da administração.* 6ª Ed. Rio de Janeiro: Campus, 2000.

_______. *Comportamento organizacional: a dinâmica do sucesso das organizações.* 2. ed. Rio de Janeiro: Elsevier, 2005.

_______. *Recursos Humanos. O capital Humano das Organizações.* 8ª ed. São Paulo, Atlas, 2008.

COLLINS, J.C.; PORRAS, J. I. *Feitas para Durar: Práticas bem-sucedidas de empresas visionárias.* Rio de Janeiro. Rocco. 1995.

HAMEL, G.; PRAHALAD, C. K.. *Competindo pelo futuro: estratégias inovadoras para obter o controle do seu setor e criar os mercados de amanhã.* Rio de Janeiro. Campus. 1995.

JULIO, Carlos Alberto. *A Arte da Estratégia.* 7º ed. Rio de Janeiro. Campus. 2005.

KOTLER, Philip; KELLER, Kevin Lane. *Administração de marketing*; tradução Sônia Midori Yamamoto; revisão técnica Edson Crescitelli. – 14. ed. – São Paulo: Pearson Education do Brasil, 2012.

MULLER, Walter Martins. *Liderança estratégica aplicada à gestão de pessoas na Polícia Civil do Estado de São Paulo.* TCC - Curso de

Especialização em Polícia Judiciária e Sistema de Justiça Criminal. São Paulo: ACADEPOL, 2017.

PORTER, M. *Estratégia Competitiva*. Rio de Janeiro. Campus. 2005.

TZU, Sun. *A Arte da Guerra*. Tradução: Sueli Barros Cassal. Porto Alegre: L&PM, 2006.

4

TELEVISIONAMENTO DE AÇÕES POLICIAIS NO INTERIOR DAS DELEGACIAS DE POLÍCIA E DEMAIS PRÉDIOS PÚBLICOS COMO PLANO DE MARKETING - O TELEVISIONAMENTO DE AÇÕES POLICIAIS E A TUTELA DA IMAGEM DO PRESO

Luís Gonzaga da Silva Neto[1]

1. Mestre em Prestação Jurisdicional e Direitos Humanos pela Escola Superior da Magistratura Tocantinense - ESMAT e Universidade Federal do Tocantins - UFT. Mestrando em Gestão de Políticas Públicas pela Universidade Federal do Tocantins - UFT. Especialista em Ciências Criminais na Atualidade pela Pontifícia Universidade Católica de Minas Gerais - PUC Minas. Especialista em Direito de Polícia Judiciária pela Academia Nacional de Polícia - ANP. Graduado em Direito pela Faculdade de Alagoas - FAL. Delegado de Polícia Civil no Estado do Tocantins. Professor da Escola Superior de Polícia Civil do Tocantins. Professor Visitante da Escola de Gestão Fazendária do Tocantins - EGEFAZ. Professor Universitário da Graduação e da Pós-Graduação em Direito. Autor de obras jurídicas. Canal YouTube: www.youtube.com/professorluisgonzaga. Instagram: deltaluisgonzaga

1. INTRODUÇÃO

Contemporaneamente existe um intenso debate sobre a imensa gama de informações que diariamente são repassadas através das redes sociais e dos veículos de imprensa, tendo em vista que vivemos num mundo globalizado, em que as fronteiras físicas apenas servem para separar nações geograficamente, pois o planeta se encontra interligado no âmbito digital e tecnológico.

Especificamente, no que tange a divulgação de imagens e nomes de pessoas investigadas, como ocorre comumente em operações policiais, seja no âmbito das polícias civis ou da polícia federal, indaga-se se tal exposição configuraria uma ofensa ao direito de imagem, e indo além, um vilipêndio à honra objetiva do cidadão ora exposto, seja em portais de notícias ou mesmo em programas de televisão de cunho jornalístico.

Neste capítulo trataremos sobre a tutela do direito de imagem em sopesamento com a liberdade de informação jornalística, em que trataremos sobre as mudanças empreendidas pelo pacote anticrime e a nova lei de abuso de autoridade, além das questões que giram em torno da legalidade na exposição de pessoas presas no âmbito dos veículos de comunicação.

2. O DIREITO DE IMAGEM E A LIBERDADE DE COMUNICAÇÃO À LUZ DO ORDENAMENTO JURÍDICO BRASILEIRO

A Constituição Federal de 1988, em seu art. 5º, inciso X, afirma, *in verbis: "**são invioláveis** a intimidade, a vida privada, a honra e a **imagem das pessoas**, assegurado o direito a indenização pelo dano material ou moral decorrente de sua violação"* (grifos nossos). Ainda no mesmo dispositivo magno, em seu inciso IX, predispõe, *in verbis: "**é livre a expressão da atividade** intelectual, artística, científica e **de comunicação**, independentemente de censura ou licença"* (grifos nossos). Continuando, no inciso XIV, do dispositivo constitucional em tela, dispõe, *in verbis: "**é assegurado a todos o acesso à informação** e resguardado o sigilo da fonte, quando necessário ao exercício profissional"* (grifo nosso).

Depreende-se da análise dos incisos acima citados que o direito de imagem fora alçado ao patamar de garantia fundamental, sendo inviolável. Ocorre que, a atividade de comunicação, na qual encontra-se a imprensa, detém liberdade de atuação, em que limitações poderão configurar censura, algo totalmente contrário ao Estado Democrático de Direito em que nos encontramos inseridos atualmente. Na mesma toada, a todos os brasileiros é assegurado o direito à informação, sendo vedada limitações estatais desarrazoadas nesta seara.

O direito à imagem integra, juntamente com o direito à honra, o direito ao nome e o direito à palavra (sem prejuízo de outras dimensões da personalidade), o direito à identidade pessoal, tendo, a exemplo dos demais direitos referidos, forte conexão com o direito à intimidade e a dignidade da pessoa humana, sem, no entretanto, perder sua condição de direito autônomo[2].

Importante ressaltar que a tutela da imagem da pessoa não busca proteger a sua honra objetiva ou mesmo subjetiva em específico, mas se de uma forma geral tem como escopo a proteção da imagem física da pessoa e as implicações decorrentes de sua divulgação indiscriminada.

Corroborando com este pensamento, é o posicionamento da doutrina de Ingo Wolfgang Sarlet (2015):

> Com efeito, mesmo que mediante a captação e reprodução da imagem de alguém se possa simultaneamente violar sua honra e intimidade, a peculiaridade do direito à própria imagem reside na proteção contra a reprodução da imagem ainda que não necessariamente com isso se tenha afetado o bom nome ou a reputação ou divulgado aspectos da vida íntima da pessoa.

O direito à imagem, portanto, não tem por objeto a proteção da honra, reputação ou intimidade pessoal, mas sim a proteção da imagem física da pessoa e de suas diversas manifestações, seja em conjunto, seja quanto a aspectos particulares, contra atos que a reproduzam ou representem indevidamente[3].

Quanto ao seu conteúdo (âmbito de proteção), o direito à imagem abrange, para efeitos da proteção constitucional, tanto o direito de definir e determinar a autoexposição pessoal, ou seja, o direito de não ser fotografado ou de ter o seu retrato exposto em público sem o devido consentimento, quanto o direito de não ver a imagem pessoal representada e difundida em forma gráfica ou montagem ofensiva ou mesmo

2. SARLET, Ingo Wolfgang. Curso de Direito Constitucional, p. 473.
3. FACHIN, Zulmar Antônio. A proteção jurídica da imagem, p. 47 e ss.

distorcida, no sentido do que se pode designar de uma "falsificação da personalidade"[4].

Denota-se que a proteção constitucional do direito à imagem da pessoa canaliza-se para a tutela da chamada imagem-retrato, não se tratando da imagem-atributo, tendo em vista que esta última mantém ligação umbilical com a imagem social da pessoa, no caso, como a sociedade observa o indivíduo, seja no âmbito familiar como chefe de família ou como pai ou mãe, ou mesmo no âmbito profissional, além das diversas outras áreas existentes na vida de todo ser humano que externam atributos da sua personalidade à luz dos olhos dos integrantes do meio social, em que referidos aspectos são vinculados à noção de honra.

Em contrapartida, há doutrina que entende que além a imagem--retrato tutelam-se a imagem social e a imagem autoral. Nas palavras de Flávio Martins Alves Nunes Júnior (2018):

> A imagem também é tutelada, nas suas três modalidades: a) imagem social, também chamada de imagem objetiva ou honra objetiva (o que as pessoas pensam sobre o ofendido, tendo como titular tanto a pessoa física, como a pessoa jurídica); b) imagem-retrato (a imagem física do indivíduo, capturada por recursos tecnológicos, como fotografias ou filmagens, bem como por meios artificiais, como pinturas e caricaturas; c) imagem autoral (imagem do autor que participa de obras coletivas).

O Código Civil, em seu art. 20, tutela a imagem pessoal, quando afirma que, *in verbis: "Salvo se autorizadas, ou se necessárias à administração da justiça ou à manutenção da ordem pública, a divulgação de escritos, a transmissão da palavra, ou a publicação, a* ***exposição ou a utilização da imagem de uma pessoa*** *poderão ser proibidas, a seu requerimento e sem prejuízo da indenização que couber, se lhe atingirem a honra, a boa fama ou a respeitabilidade, ou se se destinarem a fins comerciais"*. (grifo nosso)

Desta forma, em regra, a exposição ou a utilização da imagem de uma pessoa são vedadas, salvo nas hipóteses de imprescindibilidade à administração da justiça ou à manutenção da ordem pública, como quando a polícia busca encontrar um assassino em série, em que se faz necessária a ampla divulgação da sua imagem.

---

4. CANOTILHO, J.J. Gomes. Constituição da República Portuguesa anotada, p. 467.

Noutro vértice, encontra-se tutelada na Carta Magna a garantia a liberdade de comunicação, conforme previsão petrificada no inciso IX do art. 5º, em que neste âmbito insere-se as liberdades de imprensa e jornalística. Conforme previsto no dispositivo alhures, a atividade de comunicação é livre e independe de censura ou mesmo licença.

A parte final do art. 5º, IX, da Constituição Federal, veda a prática da censura e da licença. Enquanto a censura é uma ordem proibitiva, a licença é uma autorização prévia. Dessa maneira, não se pode censurar previamente um escritor, impedindo que escreva um livro sobre um determinado assunto. Da mesma maneira, não será necessária autorização prévia estatal (licença) para fazer uma peça de teatro ou um filme sobre um determinado assunto para que um cientista pesquise a existência de Deus[5].

O Pacto de São José da Costa Rica veda a censura prévia a qualquer modalidade de liberdade de expressão, mas ressalta-se que em seu art. 13, item 4, dispõe que: "a lei pode submeter os espetáculos públicos a censura prévia, com o objetivo exclusivo de regular o acesso a eles, para proteção moral da infância e da adolescência". Nesta mesma toada, a Constituição Federal, no seu art. 220, §3º, inciso I, afirma que cabe a Lei Federal "*regular as diversões e espetáculos públicos, cabendo ao Poder Público informar sobre a natureza deles, as faixas etárias a que não se recomendem, locais e horários em que sua apresentação se mostre inadequada*". Referida disposição constitucional não configura censura, tratando-se do estabelecimento de parâmetros razoáveis, visando proteger a infância e a juventude.

3. CRIMINOLOGIA MIDIÁTICA E O PAPEL DOS MEIOS DE COMUNICAÇÃO DE MASSA NA FORMAÇÃO DA OPINIÃO PÚBLICA

Atualmente observa-se um intenso atuar dos veículos de comunicação na divulgação de operações policiais e prisões, promovendo a exposição de pessoas presas ou mesmo apenas investigadas, em muitas oportunidades, de forma desproporcional e alheia aos ditames legais e constitucionais da tutela do direito à imagem e do princípio magno da presunção de inocência. Referida constatação se extrai da seletividade

5. NUNES JÚNIOR, Flávio Martins Alves. Curso de Direito Constitucional, p. 921.

penal criada pela mídia e aceita pelo senso comum, trazendo à baila a crença da prisão como única alternativa para se estabelecer a segurança pública e a ordem.

Os meios de comunicação de massa, dentre eles a televisão e sites de notícia, são contemporaneamente os principais formadores de opinião da sociedade atual, infelizmente, em que promovem muitas das vezes verdadeiras (des)informações, em que as pessoas passam, com base naquelas, a se sentirem legitimadas a abordar questões de ordem penal, processual penal, bem como de política criminal.

Nas palavras de José Afonso da Silva[6]:

> Os jornalistas e empresas jornalísticas reclamam mais seu direito do que cumprem seus deveres. Exatamente porque a imprensa escrita, falada e televisada (como impropriamente se diz) constitui poderoso *instrumento de formação da opinião pública* (mormente com o desenvolvimento das máquinas interplanetárias destinadas a propiciar a ampla transmissão de informações, notícias, ideias, doutrinas e até sensacionalismos) é que se adota hoje a ideia de que ela desempenha uma *função social* consistente, em primeiro lugar, em "exprimir às autoridades constituídas o pensamento e a vontade popular, colocando-se como quase um quarto poder, ao lado do Legislativo, do Executivo e do jurisdicional".

O autor Albino Greco, traça intensa crítica contra este atuar manipulador e desinformador perpetrado por vários dos veículos de comunicação, em que esquecem do dever supremo de informar, e informar corretamente. Vejamos o pensamento do autor:

> A liberdade de informação não é simplesmente a liberdade do dono da empresa jornalística ou do jornalista. A liberdade destes é reflexa no sentido de que ela só existe e se justifica na medida do direito dos indivíduos a uma informação correta e imparcial. A liberdade dominante é a de ser informado, a de ter acesso às fontes de informação, a de obtê-la. O dono da empresa e o jornalista têm um *direito fundamental* de exercer sua atividade, sua missão, mas especialmente têm um *dever*. Reconhece-se-lhes o *direito de informar* ao público os acontecimentos e ideias, mas sobre ele

6. SILVA, José Afonso da. Curso de Direito Constitucional Positivo, p. 249.

> incide o *dever de informar* à coletividade de tais acontecimentos e ideias, objetivamente, sem alterar-lhes a verdade ou esvaziar-lhes o sentido original, do contrário, se terá não informação, mas deformação[7].

Nestas exposições midiáticas, tem-se como "produto" o crime, onde utiliza-se da técnica do sensacionalismo, produzindo com isso entretenimento, tendo como resultado a elevação dos níveis de audiência, tratando-se de prática extremamente rentável, pois empresas, marcas e patrocinadores utilizam-se de espaços no âmbito dos respectivos programas televisivos. Logo, por configurar um excelente negócio lucrativo, adequa-se na atuação empresarial desenvolvida pela imprensa privada.

Dessa forma, a mídia acaba configurando parte integrante do exercício de poder do sistema penal, pois tem o poder de criar o punitivismo popular (ou como aduz recente obra doutrinária o "populismo penal midiático"), vez que impõe uma forma de analisar os problemas sociais de uma forma muitas vezes exacerbada. Com isso, é responsável por criações legislativas "às pressas" que vão totalmente de encontro com as garantias constitucionais[8].

Segundo Zaffaroni, a comunicação produzida pela mídia no que tange a fatos criminosos se configura numa espécie de "criminologia midiática". A "criminologia midiática" atual tem como principal meio técnico a televisão para propagar o discurso do neopunitivismo. Na visão desse jurista, os críticos mais radicais e precisos sobre a televisão são Giovani Sartori e Pierre Bourdieu. Afirma que "para Bourdieu a televisão é o oposto da capacidade de pensar, enquanto que Sartori desenvolve a tese de que o homo sapiens está se degradando para um homo videns por culpa de uma cultura exclusivamente de imagens"[9].

De acordo com Pierre Bourdieu, a televisão exerce um papel primordial-negativo na deformação da opinião pública, afastando esta das informações concretamente essenciais para o exercício da democracia. Conforme o pensamento do referido autor:

---

7. GRECO, Albino. La Libertà di Stampa nell'Ordinamento Giurídico Italiano. Roma: Bulzioni Editores, 1974, p. 53.
8. GOMES, Luiz Flávio: ALMEIDA, Débora de Souza de. Populismo penal midiático: caso mensalão, mídia disruptiva e direito penal crítico. São Paulo: Saraiva, 2013.
9. ZAFFARONI. A palavra dos mortos: conferências de criminologia cautelar. São Paulo: Saraiva, 2012. p. 305.

> Há uma proporção muito importante de pessoas que não lêem nenhum jornal; que estão devotadas de corpo e alma à televisão como fonte única de informações. A televisão tem uma espécie de monopólio de fato sobre a formação das cabeças de uma parcela muito importante da população. Ora, ao insistir nas variedades, preenchendo esse tempo raro com o vazio, com nada ou quase nada, afastam-se as informações pertinentes que deveria possuir o cidadão para exercer seus direitos democráticos[10].

Sendo a televisão o único meio de acesso à informação pela parte majoritária da população, forma-se o grande perigo, pois esse meio de comunicação em massa, traz um conteúdo pronto, não deixando margem às críticas, a evolução do pensamento. Não se pode perder de vista que a mídia, através da imagem, tem o poder de criação de uma realidade já posta e acabada. De acordo com Bordieu, "a imagem tem a particularidade de poder produzir o que os críticos literários chamam o efeito do real, ela pode fazer ver e fazer crer no que faz ver"[11].

Partindo da premissa da necessidade de atingir lucro, os meios de comunicação realizam um processo de seletividade do que deve ser informado e agregam contribuições decisivas sobre a informação de forma transformá-la em algo ainda mais atrativo, de forma que, esse processo de seleção se sustenta na busca do "sensacional, do espetacular"[12].

Diante do referido cenário, surge de forma bastante hígida um punitivismo fortíssimo, sendo praticamente impossível de ser desmistificado, promovendo uma verdadeira distorção do contexto fático-criminal, fazendo exsurgir um desejo social incontrolável e desarrazoado de punir a todo custo. O pressuposto deste contexto atormentador é justamente a manipulação da notícia veiculada, tendo como escopo a elevação dos índices de audiência.

No que tange aos efeitos do punitivismo fabricado pela grande mídia, Zaffaroni detém o seguinte posicionamento:

> (...) são os meios de massa que desencadeiam as campanhas de 'lei e ordem' quando o poder das agências encontra-se ameaçado.

---

10. BOURDIEU, Pierre. Sobre a televisão. Rio de Janeiro: Jorge Zahar, 1997. p. 23-24.
11. BOURDIEU, Pierre. Sobre a televisão. Rio de Janeiro: Jorge Zahar, 1997. p. 28.
12. BOURDIEU, Pierre, Sobre a televisão. Rio de Janeiro: Jorge Zahar, 1997. p. 25.

> Estas campanhas realizam-se através da 'invenção da realidade' (distorção pelo aumento de espaço publicitário dedicado a fatos de sangue, invenção direta de fatos que não aconteceram), 'profecias que se auto-realizam' (instigação pública para a prática de delitos mediante metamensagens de 'slogans' tais como 'a impunidade é absoluta', os menores podem fazer qualquer coisa', 'os presos entram por uma porta e saem pela outra', etc; publicidade de novos métodos para a prática de delitos, de facilidades, etc.). 'produção de indignação moral' (instigação à violência coletiva, à autodefesa, glorificação de 'justiceiros', apresentação de grupos de extermínio como 'justiceiros', etc.)[13].

Neste âmbito, na opinião de Nilo Batista, a mídia alimenta a crença de que a pena é a solução marcial para o problema da criminalidade, discurso que detém enorme aderência social, nos seguintes temos:

> O novo credo criminológico da mídia tem seu núcleo irradiador na própria idéia de pena: antes de mais nada, crêem na pena como rito sagrado de solução de conflitos. Pouco importa o fundamento legitimante: se na universidade um retribucionista e um preventista sistêmico podem desentender-se, na mídia complementam-se harmoniosamente. Não há debate, não há atrito: todo e qualquer discurso legitimante da pena é bem aceito e imediatamente incorporado à massa argumentativa dos editoriais e das crônicas. Pouco importa o fracasso histórico real de todos os preventinismos capazes de serem submetidos à constatação empírica, como pouco importa o fato de um retribucionismo puro, se é que existiu, não passar de um ato de fé[14]

Seguindo nesse pensamento, pode-se concluir que atualmente, as prisões consistem em "mecanismos de gestão da miséria e dos grupos inconvenientes representados pelos mal-adaptados e desajustados sociais"[15].

13. ZAFFARONI, Eugenio Raúl. Em busca das penas perdidas: a perda da legitimidade do sistema penal. Rio de Janeiro: Revan, 1991. p. 129.

14 BATISTA, Nilo. Mídia e sistema penal no Capitalismo Tardio. Disponível em: http://www.bocc.ubi.pt. Acesso em 29 de jun. 2021. p. 03-04.

15 CARVALHO, Salo de. O Papel dos Atores do Sistema Penal na Era do Punitivismo (O Exemplo Privilegiado da Aplicação da Pena). Rio de Janeiro: Lumen Juris, 2010. p. 29.

Perante esta "imposição" da mídia e, desta forma, aceita pela maioria da sociedade, a solução para reverter referido quadro, na concepção de Eugenio Raúl Zafaroni, não seria a censura, "pois toda censura inclusive fora de qualquer hipótese se massacre, é um elemento sempre à mão do primeiro massacrador que apareça"[16], mas através de uma mudança cultural implementada por uma comunicação ampla e clara, estando esta isenta de qualquer manipulação informativa, proporcionando uma ressignificação da criminalidade. Conforme afirma o autor:

> As faltas éticas na comunicação não são resolvidas com censura, mas sim com maior comunicação. (...) A arte autêntica é um instrumento insuperável que facilita a compreensão do outro, justamente a que o preconceito obstrui. A criminologia cautelar deve dialogar com artistas, pois são eles que podem contribuir muitíssimo para a modificação do para o quê das coisas, para ressignificá-las, ou seja, para mudar o mundo entendido como conjunto de significados.

Depreende-se do exposto neste tópico que a mídia, conforme o caminho que resolva trilhar, poderá promover graves danos sociais, pois é clarividente que trata-se de meio formador da opinião pública, devendo ser utilizado para promover a paz social e informar a população, sendo vedado seu uso para a produção de estereótipos criminógenos, como ocorre com a ampla divulgação de pessoas pobres sendo presas, em sua grande maioria negros residentes em zonas periféricas das grandes cidades brasileiras.

4. A LIBERDADE DE INFORMAÇÃO JORNALÍSTICA E A TUTELA DA IMAGEM DO PRESO

Intensa discussão existe em torno da necessária ponderação que deve operar quando da existência de conflito entre os postulados do direito à informação e liberdade de expressão de um lado, e a tutela da imagem da pessoa, especificamente do preso ou investigado, do outro.

Em relação a tutela constitucional da liberdade jornalística, destaca-se o previsto no art. 220 da Carta Magna, *in verbis:*

16. ZAFFARONI, Eugenio Raúl. A palavra dos mortos: conferências de criminologia cautelar. São Paulo: Saraiva, 2012. p. 515.

> Art. 220. A manifestação do pensamento, a criação, a expressão e a informação, sob qualquer forma, processo ou veículo não sofrerão qualquer restrição, observado o disposto nesta Constituição.
>
> § 1º Nenhuma lei conterá dispositivo que possa constituir embaraço à plena liberdade de informação jornalística em qualquer veículo de comunicação social, observado o disposto no art. 5º, IV, V, X, XIII e XIV.
>
> § 2º É vedada toda e qualquer censura de natureza política, ideológica e artística.
>
> § 3º Compete à lei federal:
>
> I - regular as diversões e espetáculos públicos, cabendo ao Poder Público informar sobre a natureza deles, as faixas etárias a que não se recomendem, locais e horários em que sua apresentação se mostre inadequada;
>
> II - estabelecer os meios legais que garantam à pessoa e à família a possibilidade de se defenderem de programas ou programações de rádio e televisão que contrariem o disposto no art. 221, bem como da propaganda de produtos, práticas e serviços que possam ser nocivos à saúde e ao meio ambiente.
>
> § 4º A propaganda comercial de tabaco, bebidas alcoólicas, agrotóxicos, medicamentos e terapias estará sujeita a restrições legais, nos termos do inciso II do parágrafo anterior, e conterá, sempre que necessário, advertência sobre os malefícios decorrentes de seu uso.
>
> § 5º Os meios de comunicação social não podem, direta ou indiretamente, ser objeto de monopólio ou oligopólio.
>
> § 6º A publicação de veículo impresso de comunicação independe de licença de autoridade.

A liberdade de informação jornalística de que fala a Constituição (art. 220, §1º) não se resume mais na simples liberdade de imprensa, pois esta está ligada à publicação de *veículo impresso* de comunicação. A *informação jornalística* alcança qualquer forma de difusão de notícias, comentários e opiniões por qualquer veículo de comunicação social. A Constituição não chega a precisar o que se entende por veículos ou meios de comunicação social, que ela menciona no art. 220, §§ 1º e 5º. Ao referir-se, em separado, a veículo *impresso de comunicação* (§6º), poder-se-ia entender que ela não inclui a imprensa escrita entre os meios de comunicação social. Talvez até nem o seja. Mas o §1º do art. 220 ao garantir a plena liberdade de informação jornalística em *qualquer veículo de comunicação social* faz entrar aí também as informações jornalísticas imprensas. Temos, pois, informações jornalísticas que são publicadas mediante: a) veículos impressos de comunicação; b) veículo de difusão (radiodifusão) sonora, de sons e imagens[17].

Na sociedade contemporânea as redes sociais e os sites de notícias constituem amplíssimo campo de divulgação em massa de informações, em que se exige uma cautela muito maior quando da difusão de notícias através de referidos meios de comunicação, tendo em vista o elevado e veloz poder de disseminação possuem.

Na IV Jornada de Direito Civil, promovida pelo Conselho da Justiça Federal, sob a coordenação dos Ministros Ruy Rosado de Aguiar, Gustavo Tepedino e Silvio Romero Boltrão, fora editado o Enunciado nº 279, cujo teor dispõe que: *"A proteção à imagem deve ser ponderada com outros interesses constitucionalmente tutelados, especialmente em face do direito de amplo acesso à informação e da liberdade de imprensa. Em caso de colisão, levar-se-á em conta a notoriedade do retratado e dos fatos abordados, bem como a veracidade destes e, ainda, as características de sua utilização (comercial, informativa, biográfica), privilegiando-se medidas que não restrinjam a divulgação de informações"*.

Depreende-se do enunciado alhures que há uma prevalência do direito fundamental de acesso à informação, sendo este materializado sob o enfoque da notoriedade do retratado e dos fatos abordados. Pois bem, investigações de grande monta que envolvem crimes bárbaros como homicídio, latrocínio, roubo, tráfico de drogas, dentre outros, denotam o dever de informar a população seus possíveis autores, sob o enfoque da garantia da ordem pública.

Noutro ponto, levando em consideração o anseio social pelo intenso combate à corrupção, é de vital importância a divulgação, para a sociedade, do deslinde de investigações que envolvam crimes como peculato, corrupção passiva, lavagem de dinheiro, organização criminosa e outros análogos. Nesta senda, a exposição dos investigados não configura violação do direito fundamental à imagem, mas trata-se da prevalência do direito à informação, além da materialização da ampla liberdade de imprensa, valores estes conquistados de forma salutar pelo atual Estado Democrático de Direito instituído na Carta Constitucional de 1988.

---

17. SILVA, José Afonso da. Curso de Direito Constitucional Positivo. São Paulo: Malheiros, 2015, p. 248-249.

Neste âmbito argumentativo, com base no art. 5º, IX, da Constituição Federal, o Supremo Tribunal Federal, no julgamento da APDF nº 130, decidiu que a Lei nº 5.250/67 (Lei de Imprensa) não fora recepcionada pela Constituição Federal de 1988, onde deixou consignado, *in verbis*: "*O corpo normativo da Constituição brasileira sinonimiza liberdade de informação jornalística e liberdade de imprensa, rechaçante de qualquer censura prévia a um direito que é signo e penhor da mais encarecida dignidade da pessoa humana, assim como do mais evoluído estado de civilização*".

Ainda, segundo palavras da Suprema Corte no referido julgamento: "*A imprensa como plexo ou conjunto de 'atividades' ganha a dimensão de instituição-ideia, de modo a poder influenciar cada pessoa de per si e até mesmo formar o que se convencionou chamar de opinião pública. Pelo que ela, Constituição, destinou à imprensa o direito de controlar e revelar as coisas respeitantes à vida do Estado e da própria sociedade. A imprensa como alternativa à explicação ou versão estatal de tudo que possa repercutir no seio da sociedade e como garantido espaço de irrupção do pensamento crítico em qualquer situação ou contingência*".

Desta forma, o STF no julgamento da ADPF nº 130, proibiu enfaticamente a censura de publicações jornalísticas, bem como tornou excepcional qualquer tipo de intervenção estatal na divulgação de notícias e de opiniões. A liberdade de expressão, liberdade de imprensa e o direito de acesso à informação, desfrutam de uma posição preferencial no Estado Democrático brasileiro, por serem pré-condições para o exercício esclarecido dos demais direitos e liberdades.

A Lei nº 13.964/2019, o chamado "Pacote Anticrime", inseriu no Código de Processo Penal o art. 3º-F, dispondo que: "*O juiz das garantias deverá assegurar o cumprimento das regras para o tratamento dos presos,* ***impedindo o acordo ou ajuste de qualquer autoridade com órgãos da imprensa para explorar a imagem da pessoa submetida à prisão****, sob pena de responsabilidade civil, administrativa e penal*". (grifo nosso)

No parágrafo único do novel dispositivo processual penal prevê que: "*Por meio de regulamento,* ***as autoridades deverão disciplinar****, em 180 (cento e oitenta) dias,* ***o modo pelo qual as informações sobre a realização da prisão e a identidade do preso serão, de modo padronizado*** *e respeitada a programação normativa aludida no caput deste artigo,* ***transmitidas à imprensa****, assegurados a efetividade da persecução penal, o direito à informação e a dignidade da pessoa submetida à prisão*". (grifo nosso)

Evidencia-se através da análise do dispositivo retro que o legislador passou a se preocupar sobremaneira com a divulgação da imagem de pessoas presas, em que impõe ao juiz das garantias o dever de fiscalizar e combater quaisquer conluios de autoridades, seja o Ministério Público ou mesmo as polícias, com órgãos de imprensa, quando visem explorar indevidamente a imagem da pessoa submetida a medida constritiva da liberdade.

No mesmo ponto, o legislador determina que as autoridades deverão disciplinar o modo pelo qual as informações sobre a realização de prisões e a identidade do preso serão transmitidas à imprensa, o que geralmente ocorre através de normativas internas que tratam do atuar das assessorias de comunicação, em que tudo deverá passar pelo filtro de referidos setores.

A entrada em vigor do Pacote Anticrime representa um marco no disciplinamento da publicidade de investigações e atos judiciais, pois até então a legislação brasileira não possuía normas infraconstitucionais regulamentando de forma clara e explícita referidos atos de modo a preservar os direitos fundamentais e personalíssimos dos enclausurados.

De acordo com o art. 5º, inciso XLIX, da Constituição Federal, "é assegurado aos presos o respeito à integridade física e moral". Ao proclamar o respeito à integridade física e moral do preso, a Carta Magna garante ao preso a conservação de todos os direitos fundamentais reconhecidos à pessoa livre, à exceção, é claro, daqueles que sejam incompatíveis com a condição peculiar de uma pessoa presa, tais como a liberdade de locomoção (CF, art. 5º, XV), o livre exercício de qualquer profissão (CF, art. 5º, XIII), a inviolabilidade domiciliar em relação à cela (CF, art. 5º XI) e o exercício dos direitos políticos (CF, art. 15, III). Não obstante, mantém o preso os demais direitos e garantias fundamentais, tais como o respeito à integridade física e moral (CF, art. 5º, III, V, X e LXIV), à liberdade religiosa (CF, art. 5º, VI), ao direito de propriedade (CF, art. 5º, XXII), e, em especial, aos direitos à vida e à dignidade humana[18].

A Lei nº 13.869/2019, que dispõe sobre os crimes de abuso de autoridade, tipificou como criminosa a seguinte conduta:

> Art. 13. Constranger o preso ou o detento, mediante violência, grave ameaça ou redução de sua capacidade de resistência, a:

18. MORAES, Alexandre de. Constituição do Brasil: interpretada e legislação constitucional, p. 338.

> I - exibir-se ou ter seu corpo ou parte dele exibido à curiosidade pública;
>
> II - submeter-se a situação vexatória ou a constrangimento não autorizado em lei;
>
> III - produzir prova contra si mesmo ou contra terceiro:
>
> Pena - detenção, de 1 (um) a 4 (quatro) anos, e multa, sem prejuízo da pena cominada à violência.

Em seu inciso primeiro, o dispositivo infraconstitucional alhures afirma ser vedado constranger o preso a exibir-se ou ter seu corpo exibido ao público, deixando assente que operações policiais onde desaguem em prisões de pessoas suspeitas, por exemplo, não poderão exibir os infratores para a imprensa, sob pena de responsabilidade criminal como incurso no tipo penal ora em análise.

Conforme as palavras de Renato Brasileiro de Lima (2020):

> O fato de um indivíduo ter sido preso por agentes do Estado não significa dizer que tal pessoa possa ser livremente exibida à sociedade como um verdadeiro animal que acaba de ser capturado. Por força desse populismo penal irracional que vigora nos dias de hoje, não se pode admitir que presos sejam constrangidos a mostrar seus rostos nas famosas "apresentações à polícia", que tenham seus cabelos puxados para trás, ou seus queixos levantados para cima, tão somente para satisfazer o anseio da mídia, sempre ávida por essas imagens: primeiro, diante do interesse que despertam junto à sociedade; segundo, pelo fato de terem o potencial de elevar os índices de audiência e, consequentemente, aumentar o valor da comercialização de espaços publicitários. Tampouco se revela justificada essa prática porque geralmente praticada de modo a atender ao interesse pessoal do agente público, interessado em se aproveitar desse momento de publicidade ostensiva para buscar sua autopromoção, invariavelmente com publicações nas redes sociais.

Diferentemente da hipótese descrita no inciso II, o inciso I não exige a exibição do preso em situação vexatória, ou seja, basta que o mesmo seja exibido à curiosidade pública.

Aproveitando o gancho, o inciso II, trata como criminosa a conduta perpetrada pelo agente público que constrange o preso a submeter-se a situação vexatória ou a constrangimento não autorizado em lei.

A primeira hipótese – submissão à situação vexatória – restará caracterizada, por exemplo, se o preso (ou o detento) for constrangido, mediante violência, grave ameaça ou redução de sua capacidade de resistência, a vestir uma roupa vexatória, a ficar nu, a ser objeto de uma "cusparada", a gravar um vídeo pedindo desculpas à vítima ou à sociedade, ou a cantar "parabéns pra você" com os Policiais Militares na eventualidade de ser preso em flagrante no dia do seu 18º aniversário. Quando à segunda hipótese, há de se verificar se o preso estaria sendo submetido a algum tipo de constrangimento *não autorizado em lei*[19].

Observa-se que o legislador infraconstitucional se preocupou com a tutela da imagem de pessoas presas ou mesmo investigadas, tipificando como crime de abuso de autoridade a exposição injustificada de referidos indivíduos, conforme exposto.

Antigamente no Brasil era bastante comum reportagens sobre operações policiais onde as pessoas presas eram expostas à imprensa, muitas das vezes de forma bastante desarrazoada, implicando na destruição de sua reputação e imagem antes mesmo de qualquer julgamento judicial, sendo condenadas pelo coliseu social instaurado no âmbito destes espetáculos da grande mídia. Visando combater dada situação, o Supremo Tribunal Federal editou a Súmula Vinculante nº 11, que preleciona:

> Só é lícito o uso de algemas em casos de **resistência e de fundado receio de fuga ou de perigo à integridade física própria ou alheia**, por parte do preso ou de terceiros, justificada a excepcionalidade por escrito, sob pena de responsabilidade disciplinar, civil e penal do agente ou da autoridade e de nulidade da prisão ou do ato processual a que se refere, sem prejuízo da responsabilidade civil do Estado.

Desta forma, o uso de algemas deixou de ser regra no Brasil tratando-se atualmente de ato excepcional, em que se ocorrer, deverá ser devidamente justificado pela autoridade responsável, sob pena de responsabilidade disciplinar, civil e penal.

O uso de algemas deve seguir algumas diretrizes, sendo elas: a) dignidade da pessoa humana; b) proibição de tortura, tratamento desumano ou degradante; c) regras de Bangkok, que disciplina o tratamento

19. LIMA, Renato Brasileiro de. Nova Lei de Abuso de Autoridade, p. 154.

de mulheres presas e medidas não privativas de liberdade para mulheres infratoras; d) o Pacto de San José da Costa Rica, que determina o tratamento humanitário dos presos e, em especial, das mulheres em condição de vulnerabilidade.

Conforme descrito no enunciado sumular vinculante, os casos em que se justifica, excepcionalmente, o uso de algemas são: a) resistência da pessoa à prisão; b) fundado receio de fuga; c) perigo à integridade física (própria ou alheia), causado pelo preso ou por terceiros.

Importante destacar que resta proibido o uso de algemas em mulheres: a) durante o trabalho de parto; b) no trajeto da grávida do presídio para o hospital; c) após o parto, durante o tempo em que estiver hospitalizada.

Por fim, são sanções decorrentes do uso abusivo de algemas: a) nulidade da prisão; b) nulidade do ato processual no qual participou o preso; c) responsabilidade disciplinar, civil e penal do agente ou da autoridade responsável pela utilização das algemas; d) responsabilidade civil do Estado.

O Supremo Tribunal Federal detém entendimento de que a Súmula Vinculante 11 refere-se apenas a situações em que o emprego abusivo de algema decorra de decisão judicial, ou seja, apena no âmbito de um ato processual, não abarcando as situações em que o seu uso decorreu de ato administrativo da autoridade policial. Segundo o STF:

> A apresentação do custodiado algemado à imprensa pelas autoridades policiais não afronta o Enunciado 11 da Súmula Vinculante. A SV 11 refere-se apenas a situações em que o emprego abusivo da algema decorre de decisão judicial, ou seja, no âmbito de um ato processual. Não abrange hipóteses em que seu uso decorreu de ato administrativo da autoridade policial. STF. 1ª Turma. Rcl 7116/PE, Rel. Min. Marco Aurélio, julgado em 24/5/2016 (Info 827).

Em torno do referido entendimento do STF há várias críticas, no sentido de que a aplicação da súmula não se limita aos casos em que o uso indevido de algemas decorreu de ato processual, abrangendo sim atos administrativos, sendo exemplo deste último o algemamento procedido pela autoridade policial.

5. CONSIDERAÇÕES FINAIS

Por tudo exposto, ressalta-se a importância da tutela diuturna de direitos fundamentais como a liberdade de informação jornalística, liberdade de expressão e direito à imagem, em que havendo colisão entre os mesmos se faz necessária a realização da devida ponderação, não havendo que se falar em revogação ou anulação quando da prevalência de um dos postulados sobre o outro, estando eles em rota de colisão.

A imprensa livre para informar é uma das vigas mestras do Estado Democrático de Direito, mas é oportuno esclarecer que a liberdade de informação deve observância a limites que se encontram muito bem delineados no corpo do ordenamento jurídico pátrio, pois havendo abuso no exercício do direito de informar, no mínimo caracterizará ilícito civil passível de reparação.

O princípio da presunção de inocência deve funcionar como um limitador do exercício da atividade midiática, pois é evidente que a exposição deliberada de uma pessoa poderá causar-lhe sequelas sociais e familiares por bastante tempo, ou mesmo por toda a vida, aqui residindo a necessidade da observância aos ditames legais e constitucionais que preveem a proteção da liberdade informativa, delineando o respectivo campo de atuação, tendo como norte a proteção a dignidade da pessoa humana.

6. REFERÊNCIAS BIBLIOGRÁFICAS

BATISTA, Nilo. Mídia e sistema penal no Capitalismo Tardio. Disponível em: http://www.bocc.ubi.pt. Acesso em 29 de jun. 2021.

BOURDIEU, Pierre. Sobre a televisão. Rio de Janeiro: Jorge Zahar, 1997.

CANOTILHO, J.J. Gomes. Constituição da República Portuguesa anotada. Coimbra: Coimbra, 2007.

CARVALHO, Salo de. O Papel dos Atores do Sistema Penal na Era do Punitivismo (O Exemplo Privilegiado da Aplicação da Pena). Rio de Janeiro: Lumen Juris, 2010.

FACHIN, Zulmar Antônio. A proteção jurídica da imagem. São Paulo: Celso Bastos, 1999.

GOMES, Luiz Flávio; ALMEIDA, Débora de Souza de. Populismo penal midiático: caso mensalão, mídia disruptiva e direito penal crítico. São Paulo: Saraiva, 2013.

GRECO, Albino. *La Libertà di Stampa nell'Ordinamento Giurídico Italiano.* Roma: Bulzioni Editores, 1974.

LIMA, Renato Brasileiro de. Nova Lei de Abuso de Autoridade. Juspodivm, 2020.

MORAES, Alexandre de. Constituição do Brasil: interpretada e legislação constitucional. São Paulo: Atlas, 2005.

NUNES JÚRIOR, Flávio Martins Alves. Curso de Direito Constitucional. São Paulo: Thomson Reuters Brasil, 2018.

SARLET, Ingo Wolfgang. Curso de Direito Constitucional. São Paulo: Saraiva, 2015.

SILVA, José Afonso da. Curso de Direito Constitucional Positivo. São Paulo: Malheiros, 2015.

ZAFFARONI, Eugenio Raúl. Em busca das penas perdidas: a perda da legitimidade do sistema penal. Rio de Janeiro: Revan, 1991.

ZAFFARONI. A palavra dos mortos: conferências de criminologia cautelar. São Paulo: Saraiva, 2012.

5

COMPLIANCE POLICIAL E O REFORÇO À TRANSPARÊNCIA PÚBLICA

Francini Imene Dias Ibrahin[1]

Klisman França Barbosa[2]

1. INTRODUÇÃO

É mandamento nuclear de um sistema, seja ele público ou privado, que a atuação dos seus atores seja realizada em conformidade com as leis, princípios e códigos de conduta que regulam e condicionam o seu exercício.

Nesse contexto, o presente artigo tem por escopo analisar a existência do *compliance* no âmbito policial. A partir do conceito e aplicação do

1. Mestre em Direito Ambiental e Políticas Públicas pela Universidade Federal do Amapá – AP. Especialista em Direito Administrativo pela Pontifícia Universidade Católica de São Paulo – PUC/SP. Pós-graduanda em Direitos Humanos pela Faculdade CERS (CEI). Pós-graduada em Inteligência Policial e Segurança Pública pela ESDP/FCA. Doutoranda em Direito pela Pontifícia Universidade Católica de São Paulo - PUC/SP. Sócia Fundadora da Comunidade de Juristas de Língua Portuguesa. Autora de livros e artigos jurídicos. Delegada de Polícia Civil do Estado de São Paulo.
2. Especialista em Direito Penal, Processo Penal e Direito Público pela Faculdade de Direito Damásio de Jesus. Graduado em Direito pela Universidade Federal de Goiás. Delegado de Polícia Civil no Estado de São Paulo.

compliance, propõe-se observar a contribuição da adoção do *compliance* policial para com o princípio da transparência, seguido da perspectiva e dos debates em torno da Lei anticorrupção.

2. *COMPLIANCE*: CONCEITO E APLICAÇÃO

O termo *compliance* tem como origem o verbo no idioma inglês *to comply*, que compreende agir de acordo, cumprir, satisfazer, observar e/ou realizar.

Manzi (2008) apresenta a seguinte definição para *compliance*: "ato de cumprir, de estar em conformidade e executar regulamentos internos e externos, impostos às atividades da instituição, buscando mitigar o risco atrelado à reputação e ao regulatório/legal."

No mesmo caminho, Silveira e Saad-Diniz (2015) afirmam que o *compliance*:

> Orienta-se, em verdade, pela finalidade preventiva, por meio da programação de uma série de condutas (condução de cumprimento) que estimulam a diminuição dos riscos da atividade. Sua estrutura é pensada para incrementar a capacidade comunicativa da pena nas relações econômicas ao combinar estratégia de defesa da concorrência leal e justa com as estratégias de prevenção de perigos futuros.

A legislação norte-americana, em 1950, foi quem introduziu a figura do *compliance,* com a *Prudential Securities* e em 1960, com a regulação da *Securities and Exchange Commission* (SEC), tendo por objetivo a criação de procedimentos internos de controle e monitoramento de operações.

Anos após, em 1977, surgiu na Europa, a Convenção Relativa à Obrigação de Diligência dos Bancos no Marco da Associação de Bancos Suíços, em que previa sanções em razão do descumprimento das normas regulatórias do setor.

A importância de se estabelecer medidas efetivas de *compliance* deu ensejo a criação de diversos Tratados Internacionais, dentre eles: a Convenção Interamericana contra a Corrupção (OEA, 1996), a Convenção sobre o Combate à Corrupção de Funcionários Públicos Estrangeiros em Transações Comerciais Internacionais (OCDE, 1997), o Convênio sobre a luta contra o suborno dos funcionários públicos estrangeiros em transações comerciais internacionais (Comitê de Ministros do Conselho

Europeu,1999) e a Convenção das Nações Unidas contra a Corrupção (ONU, 2003).

No Brasil, o termo *compliance* até pouco tempo, era restrito ao ambiente corporativo de setores altamente regulados, a exemplo de indústrias financeiras e de saúde, como também, empresas multinacionais submetidas às normas internacionais anticorrupção, como a lei americana *Foreign Corrupt Practices Act* (FCPA) e a lei do Reino Unido *UK Bribery* (BERTOCCELLI, 2020).

Vale mencionar que, a Convenção das Nações Unidas contra a Corrupção, ratificada em 31 de outubro de 2003 pela Assembleia Geral da ONU, no Brasil, foi definitivamente promulgada em janeiro de 2006, pelo Decreto Presidencial 5.687 e representa um dos instrumentos mais importantes no combate à corrupção.

É importante esclarecer que o *compliance* busca o cumprimento das normas legais, por consequência, evita-se a imposição de sanções e violações, assegura a boa reputação, para tanto, torna-se necessário a existência de programas institucionais, o que para sua eficiência irá depender da estrutura de cada entidade.

Explica Mendes e Carvalho (2017) que:

> Um programa de compliance visa estabelecer mecanismos e procedimentos que tornem o cumprimento da legislação parte da cultura corporativa. Ele não pretende, no entanto, eliminar completamente a chance de ocorrência de um ilícito, mas sim minimizar as possibilidades de que ele ocorra, e criar ferramentas para que a empresa rapidamente identifique sua ocorrência e lide da forma mais adequada possível com o problema.

A aplicação de medidas de *compliance* na Administração pública assegura respeito aos princípios constitucionais e administrativos, como também assegura a observância da missão e finalidades institucionais, na medida em que objetiva gerir seus riscos e prevenir desvios de conduta, como a corrupção.

Para Pinto Junior (2017) o *compliance* na Administração pública não se limita a melhorar os padrões de eficiência, mas também em "como evitar práticas mal-intencionadas de delapidação do patrimônio social e adicionalmente, no caso das companhias mistas, como viabilizar a convivência com acionistas privados, sem que isso implique a abolição completa da respectiva missão pública".

Para nós, é também função do *compliance* na seara pública a transparência na Administração Pública. Busca-se a ligação entre o público e o privado. Preza-se pela participação popular nos processos decisórios. Observa-se o efetivo controle popular.

Ademais, o *compliance* público não é somente o cumprimento das exigências constitucionais e legais e códigos de condutas, mas também decorre dos princípios que regem a Administração Pública – legalidade, impessoalidade, moralidade, publicidade e eficiência.

O princípio da transparência deriva no texto constitucional do termo "publicidade", constante dos artigos:

> Art. 5º (...) LX -a lei só poderá restringir a publicidade dos atos processuais quando a defesa da intimidade ou o interesse social o exigirem.
>
> Art. 37. A administração pública direta, indireta ou fundacional, de qualquer dos Poderes da União, dos Estados, do Distrito Federal e dos Municípios obedecerá aos princípios de legalidade, impessoalidade, moralidade, publicidade e, também, ao seguinte: (...)
>
> (...)§ 1º A publicidade dos atos, programas, obras, serviços e campanhas dos órgãos públicos deverá ter caráter educativo, informativo ou de orientação social, dela não podendo constar nomes, símbolos ou imagens que caracterizem promoção pessoal de autoridades ou servidores públicos.
>
> (...)Art. 225. Todos têm direito ao meio ambiente ecologicamente equilibrado, bem de uso comum do povo e essencial à sadia qualidade de vida, impondo-se ao Poder Público e à coletividade o dever de defendê-lo e preservá-lo para as presentes e futuras gerações.(...) IV -exigir, na forma da lei, para instalação de obra ou atividade potencialmente causadora de significativa degradação do meio ambiente, estudo prévio de impacto ambiental, a que se dará publicidade.

A Lei da Transparência surgiu para regular o direito à informação dos cidadãos e do dever de prestação de informações por parte do Poder Público, ora previsto na Constituição Federal de 1988.

Interessante observar os exemplos citados por Medauar (2003):

> O exemplo comumente invocado na matéria é a Suécia, onde desde 1766 vigora a regra do livre acesso de qualquer indivíduo, sem justificativa no interesse pessoal, a documentos administrativos.

> Nos Estados Unidos, desde a edição, em 1946, da Lei Federal de processo administrativo, vigora o preceito da publicidade, aprimorado depois com *the Freedom Information Act*, em 1967, e com *the Government Sunshine Act*, em 1976.

Nesse contexto, temos a Lei nº 12.527, de 18 de novembro de 2011 ("Lei de Acesso à Informação") que surge no ordenamento jurídico brasileiro como um mecanismo de observância dos ditames constitucionais previstos no inciso XXXIII do art. 5º, no inciso II do § 3º do art. 37 e o § 2º do art. 216 da Constituição Federal de 1988.

3. *COMPLIANCE* POLICIAL

A existência e aplicação de medidas de *compliance* na Polícia busca não somente prevenir as violações às normas, a corrupção, os riscos e penalidades, proteger o erário, mas também, assegurar a integridade de sua estrutura interna, sua missão, seus propósitos e valores.

Explica Candeloro e outros (2012) que "o *compliance* é ainda uma ferramenta que serve às instituições para nortear a condução das próprias atividades, proteger os interesses do seu público alvo – o cidadão, v.g.- e salvaguardar o seu bem mais precioso: a reputação."

A implantação de medidas de *compliance* na Polícia representa um instrumento de combate à corrupção, moralidade da administração pública e em especial da transparência em benefício ao servidor e da instituição.

Para a implantação de um Programa de *Compliance* é preciso o apoio de todos os integrantes da Instituição. É necessário que todos os agentes atuantes na Instituição auxiliem na identificação das fragilidades existentes em suas rotinas e atividades.

Nesse cenário, observa-se que as correições semestrais são ótimas oportunidades de exposição de ideias de gestão e de novos procedimentos que possam agilizar os serviços internos, para uma maior eficiência, segurança e confiabilidade.

Acrescente-se ainda, que a avaliação de riscos ou mapeamento de riscos, é uma das etapas de grande relevância para a implantação de uma cultura de *Compliance*. Isso porque é nesta etapa que se poderá ter compreensão e ciência das vulnerabilidades existentes na Instituição.

O conhecimento das fragilidades, falhas e condutas ilícitas, tais como a corrupção, violação a garantias constitucionais e legais, possibilitará a adoção de medidas saneadoras e mitigadoras.

O canal da Ouvidoria da Polícia é um instrumento de excelência para a avaliação de risco, podendo apontar condutas como o mau atendimento ou corrupção, hábeis a ensejar a adoção de medidas para a prevenção e punição.

A aplicação de medidas de *compliance* nas atividades e atribuições do policial não pode ser apenas simbólico. Para isso é preciso a capacitação e independência dos agentes responsáveis por sua execução.

É bom que se afirme que as medidas de *compliance* policial protegem a Instituição por meio da prevenção aos riscos de conformidade (infrações, fraudes, corrupção, dano ao erário, mau atendimento, dentre outros), mas também protege os próprios policiais, que passam a contar com um ambiente ético e com segurança jurídica para o exercício de suas funções.

Vale acrescentar que, em 2018, o Escritório das Nações Unidas sobre Drogas e Crime (UNODC) lançou o Índice de *Compliance* da Atividade Policial (ICAP) durante o Workshop Internacional "Inteligência voltada para a Cidadania: Transparência de Dados e Informações no Campo da Segurança Pública", na cidade de Porto Alegre (RS).

O Índice de *Compliance* da Atividade Policial (ICAP)[3] tem por base os parâmetros internacionais das Nações Unidas para o uso da força e foi concebido com o apoio técnico do sistema de análises qualitativas e quantitativas de dados da Sphinx Brasil (IQ2). É composto por 27 indicadores, agrupados em três dimensões: gestão da informação e atuação em rede com os órgãos de controle interno e externo; transparência e controle público de dados e informações e processamento administrativo e pré-processual.

Vale acrescentar, que a Assembleia Geral das Nações Unidas, por meio da sua Resolução 34/169, de 17 de dezembro de 1979, adotou o Código de Conduta para os Funcionários Responsáveis pela Aplicação da Lei.

Temos ainda, os Princípios orientadores para a Aplicação Efetiva do Código de Conduta para os Funcionários Responsáveis pela Aplicação da Lei, adotados pelo Conselho Econômico e Social das Nações Unidas na sua resolução 1989/61, de 24 de maio de 1989; os Princípios Básicos sobre o Uso da Força e Armas de Fogo pelos Funcionários Responsáveis

3. Informações disponíveis em: https://drive.google.com/file/d/1dsTsMLOpzKQKue3icfhOzcR3qys69tGZ/view. Acesso em 25 jun 2021.

pela Aplicação da Lei, adotados pelo Oitavo Congresso das Nações Unidas para a Prevenção do Crime e o Tratamento dos Delinquentes, realizado em Havana, Cuba, de 27 de Agosto a 7 de setembro de 1999; e, ainda, Convenção Contra a Tortura e outros Tratamentos ou penas Cruéis, Desumanos ou Degradantes, adotado pela Assembleia Geral das Nações Unidas, em sua XL Sessão, realizada em Nova York em 10 de dezembro de 1984 e promulgada pelo Decreto n. 40, de 15 de fevereiro de 1991.

No âmbito nacional temos a Portaria Interministerial n. 4.226, de 31 de 2010, que trata do uso da força pelos agentes de segurança pública.

Acrescente-se ainda, que temos várias leis que podem ser aplicadas no caminho de aplicação das medidas de *compliance*, a saber: a Lei 8.429/92 - Lei de Improbidade Administrativa; Lei complementar 101/00 - Lei de Responsabilidade Fiscal; Lei 12.527/11 - Lei de Acesso à Informação e a Lei 13.303/2016 – o Estatuto das Estatais.

Ressaltamos que a edição da lei federal 12.846/13 representa a prevenção e combate a práticas ilícitas praticadas contra a administração pública, o que para nós, representa uma espécie de programa de *compliance*, ou seja, trata-se de um programa específico com o objetivo da prevenção, detecção e remediação dos atos lesivos previstos na Lei Anticorrupção. Dada a sua importância, abordaremos seus principais aspectos no item seguinte.

4. O *COMPLIANCE* E A LEI N. 12.846/2013 (LEI ANTICORRUPÇÃO)

No ano de 2013 foi publicada a lei federal 12.846/2013, conhecida como Lei Anticorrupção, estabelecendo o procedimento de apuração e as medidas de penalização de pessoas jurídicas, no âmbito administrativo e civil, decorrente da prática de atos lesivos à administração pública brasileira e estrangeira.

Inicialmente, é digna de destaque a previsão do primeiro artigo do diploma legal em análise, que registra a responsabilidade objetiva, tanto na esfera administrativa, quanto na civil, diante da prática de atos lesivos contra a administração pública. Segue:

> Art. 1º Esta Lei dispõe sobre a responsabilização objetiva administrativa e civil de pessoas jurídicas pela prática de atos contra a administração pública, nacional ou estrangeira.

A responsabilidade objetiva trazida pela Lei 12.846/2013 é bem explicada por Stolze e Pamplona (2019):

> Segundo tal espécie de responsabilidade, o dolo ou culpa na conduta do agente causador do dano é irrelevante juridicamente, haja vista que somente será necessária a existência do elo de causalidade entre o dano e a conduta do agente responsável para que surja o dever de indenizar.

A previsão da responsabilidade objetiva pela Lei Anticorrupção – que, como dito, visa combater os atos lesivos praticados contra a administração pública – é de grande relevância para dar efetividade ao diploma legal, tendo em vista que se deixa de lado a análise do dolo ou da culpa, bastando-se a caracterização do nexo causal entre o ato praticado pela pessoa jurídica – ou agente responsável – e o dano causado, para que seja possível a aplicação de sanções, tanto na esfera administrativa quanto na civil.

Importante destacar que a Lei 12.846/2013 trouxe também a ressalva expressa de que a atribuição de responsabilidade às pessoas jurídicas – independentemente da forma de organização ou modelo societário adotado – que pratiquem atos lesivos à administração nacional ou estrangeira não excluirão as responsabilidades individuais dos seus dirigentes, estejam eles como autores, coautores ou partícipes do ato ilícito, o que, sem sombra de dúvidas, também é medida indispensável para dar concretude à essência da lei, que é proteger a administração pública – e, por tabela, toda a sociedade – da corrupção e dos imensos prejuízos trazidos por ela.

O artigo 5º da lei prevê diversas condutas que podem configurar atos lesivos à administração pública. Contudo, como regra, toda e qualquer prática que atente contra o patrimônio público, contra os princípios da administração ou aos compromissos internacionais assumidos pelo país, poderão ser objeto de apuração e responsabilização administrativa e civil – nos termos da Lei 12.846/13, como também penal.

É possível extrair da Lei Anticorrupção – em que pese ter ela tentado elencar expressamente as condutas alcançadas – que qualquer ato que vise enriquecimento ilícito, oferecimento ou recebimento de vantagens – patrimoniais ou não – burla de procedimentos licitatórios e contratos, seja por parte de pessoas jurídicas ou seus representantes, poderão ser apurados e devidamente punidos, seja na forma de multa, bem como pela chamada "publicação extraordinária da decisão condenatória", feita através de meios de comunicação de grande circulação na área de atuação da pessoa jurídica ou, ainda, em publicação de circulação nacional, punição esta que possui importante efeito pedagógico, visando, além da punição do envolvido, a prevenção de novas condutas semelhantes.

Digno de destaque que a intenção da Lei 12.846/2013 foi possibilitar a punição também das organizações "corruptoras", ou seja, daquelas que, valendo-se do imenso poderio econômico, incentivavam os servidores estatais a colaborarem para a prática de ilícitos contra a administração pública. É sabido que já era possível a configuração de crimes por parte dos agentes estatais, bem como em relação aos responsáveis pelas pessoas jurídicas "corruptas" ou "corruptoras", contudo, diante da impossibilidade de responsabilização criminal dessas pessoas jurídicas – vez que o ordenamento pátrio a admite apenas no direito ambiental – acabava sendo "vantajoso" para tais organizações enveredarem pela prática de ilícitos, ainda mais quando se analisam os estratosféricos valores envolvidos em alguns contratos públicos. Ora, a possibilidade de punições administrativas e, principalmente, civis, contra as pessoas jurídicas envolvidas em atos de corrupção, são medidas importantíssimas na proteção da administração pública.

Assim, especificamente no âmbito cível, são dignas de destaque as sanções para as pessoas jurídicas previstas no artigo 19 da lei em estudo – que podem ser aplicadas isolada ou cumulativamente – quais sejam: a) perdimento de bens, direitos ou valores obtidos direta ou indiretamente da infração; b) suspensão ou interdição das atividades; c) dissolução compulsória; e d) proibição de recebimento de incentivos, subvenções, doações ou empréstimos de entidades públicas ou controlados pelo poder público.

Ainda, importante destacar a ressalva trazida pelo artigo 30, da Lei 12.846/13, que traz previsão expressa de que as sanções aplicadas com base nesta lei não isentarão os envolvidos de responsabilização nos termos da Lei de Improbidade Administrativa e da Lei de Licitações.

Assim, tendo em visa que os programas de *compliance* buscam uma atuação lisa, através de um padrão previamente estabelecido, a edição da Lei 12.846/13 foi uma ferramenta importante para auxiliar nos procedimentos de transparência e prevenção à corrupção, tanto no que tange as pessoas jurídicas de natureza privada, quanto no tocante aos agentes públicos. A uma por estender a possibilidade de responsabilização para além dos servidores públicos, alcançando os chamados "corruptores". A duas por acabar "atacando" o patrimônio das organizações envolvidas na prática de ilícitos o que, curiosamente, acaba tendo – ao menos aparentemente – maior efetividade do que as sanções criminais. A três por ser a responsabilização objetiva meio mais eficaz de punição das pessoas jurídicas envolvidas, vez que é tarefa árdua a apuração de práticas ilícitas no âmbito societário, justamente pela dificuldade na individualização das condutas dos seus membros.

Por fim, é importante destacar que, isoladamente, a mera edição de um diploma legal não é medida suficiente para o efetivo combate à corrupção, ainda mais quando lembramos que a prática está presente em nossa sociedade desde o início da colonização. Não é à toa que foi necessário esculpir em nossa Constituição Federal, em seu artigo 37, que a administração pública seria regida pelos princípios da legalidade, impessoalidade, moralidade, publicidade e eficiência. Ora, seria mesmo necessário dizer que o administrador da coisa pública, bem como os demais agentes estatais devem agir com correção se a corrupção não estivesse arraigada em nossa sociedade desde o princípio dela?

Dentro do segmento policial, é preciso, em complemento à legislação estudada, o estabelecimento de programas internos para conscientização dos agentes públicos, bem como o estabelecimento de mecanismos de efetivo controle que possibilitem uma fiscalização efetiva das condutas praticadas, medidas que darão verdadeira transparência à atividade pública.

5. CONSIDERAÇÕES FINAIS

Buscou-se com este artigo, demonstrar a importância da implementação de medidas de *compliance* nas Instituições Policiais. A sua existência reforça a necessária transparência pública e tem por finalidade a prevenção das violações às normas, a corrupção, os riscos e penalidades, a proteção ao erário. Visa ainda, assegurar a integridade de sua estrutura interna, sua missão, seus propósitos e valores.

A Lei Anticorrupção auxilia nos procedimentos de transparência e prevenção a corrupção, sendo aplicada para as pessoas jurídicas de natureza privada e para os agentes públicos e, nesse contexto, guarda relevância para as medidas de aplicação e implementação de *compliance*.

Dessa forma, deve-se buscar identificar as falhas nos procedimentos, as ilicitudes e inadequações que possam expor a prestação do serviço policial civil a eventual não conformidade. Deve-se ainda, conscientizar e engajar os envolvidos no processo. Assim ocorrendo, protege-se o policial, assegura-se o interesse público e afinal, garante o necessário reforço à transparência pública.

6. REFERÊNCIAS BIBLIOGRÁFICAS

ALMEIDA, Luiz Eduardo de. ***Compliance* público e *compliance* privado: semelhanças e diferenças**. In: NOHARA, Irene Patrícia; PEREIRA, Flávio de Leão Bastos (Coord.). Governança, *compliance* e cidadania. São Paulo: Thomson Reuters Brasil, 2018.

BERTOCCELLI, Rodrigo. **Manual de *Compliance*.** Coordenação André Castro Carvalho, Tiago Cripa Alvim, Rodrigo Bertoccelli, Otavio Venturini. Rio de Janeiro: Forense, 2020.

BRASIL. **Constituição da República Federativa do Brasil de 1988**. Disponível em: http://www.planalto.gov.br/ccivil_03/constituicao/constituicao.htmAcesso em 25 jun. 2021.

CANDELORO, Ana Paula P.; RIZZO, Maria Balbina Martins; PINHO, Vinicius. ***Compliance* 360º: riscos, estratégias, conflitos e vaidades no mundo corporativo**. São Paulo: Trevisan, 2012.

GLAGLIANO, Pablo Stolze; PAMPLONA FILHO, Rodolfo. **Novo curso de Direito Civil, v.3. Responsabilidade civil.** São Paulo; Saraiva Educação, 2019.

MANZI, Vanessa Alessi. ***Compliance* no Brasil.** São Paulo: Saint Paul Editora, 2008.

MEDAUAR, Odete. **O Direito Administrativo em evolução.** São Paulo: RT, 2003.

MENDES, Francisco Schertel; CARVALHO, Vinicius Marques de. ***Compliance* - Concorrência e combate à corrupção.** São Paulo: Trevisan, 2017. Disponível em: https://integrada.minhabiblioteca.com.br/#/books/9788595450073/. Acesso em: 25 Jun 2021.

MINISTÉRIO DA TRANSPARÊNCIA, FISCALIZAÇÃO E CONTROLADORIA-GERAL DA UNIÃO. **Integridade para pequenos negócios: construa o país que desejamos a partir da sua empresa**. 2015b. Disponível em: <http://www.cgu.gov.br/Publicacoes/etica-e-integridade/arquivos/integridade-para-pequenos-negocios.pdf>. Acesso em 25 jun 2021.

PINTO JUNIOR, Mario Engler. **A governança das empresas estatais: balanço e perspectivas.** In: FRAZÃO, Ana et al; ROSSETTI, Maristela

Abla (coord.); PITTA, Andre Grunspun. Governança corporativa – avanços e retrocessos. São Paulo: Quartier Latin, 2017.

SILVEIRA, Renato de Mello Jorge; SAAD-DINIZ, Eduardo. ***Compliance*, Direito Penal e Lei Anticorrupção.** São Paulo: Saraiva, 2015. E-book. ISBN 978-85-02-62209-8. Disponível em: <https://integrada.minhabiblioteca.com.br/#/books/9788502622098/cfi/0>. Acesso em: 25 jun 2021.

6

PARÂMETROS PARA DIVULGAÇÃO DA IMAGEM DO INVESTIGADO PELA POLÍCIA JUDICIÁRIA

Tiago Lustosa Luna de Araújo[1]

1. INTRODUÇÃO

Nosso propósito, por meio do presente texto, é o de apresentar um quadro geral com parâmetros para o uso devido da **imagem de investigados** no contexto da investigação criminal, destinado à orientação dos operadores da **polícia judiciária** (civil e federal). Trataremos, em rápidas linhas, das oportunidades permissivas, limites, bem como consequências advindas dos desvios.

2. DO DIREITO À IMAGEM

Indissociável da condição existencial do ser humano, a imagem é atributo e **direito da personalidade** (*intuito personae*).[2] Trata-se de **direito**

---

1. Mestre em Direitos Humanos pela Universidade Tiradentes – UNIT/SE. Especialista em Ciências Penais pela Universidade do Sul de Santa Catarina – UNISUL. Delegado da Polícia Civil no Estado de Sergipe. Instagram: @del.tiagolustosa.
2. Os direitos sobre a personalidade, nas palavras de Teixeira Ribeiro, "são expressão e tutela jurídicas da estrutura e das funções da pessoa, do seu ser e da sua maneira de ser", desti-

fundamental tutelado pelo art. **5º, X**, da **Constituição Federal**, o qual deve ser sempre interpretado pelas lentes da **dignidade humana** (art. 1º, III). Infraconstitucionalmente, dentre outros regramentos, encontra-se disposto, em termos gerais, no Código Civil de 2002, com o seguinte texto:

> **Art. 20.** Salvo se autorizadas, ou se necessárias à administração da justiça ou à manutenção da ordem pública, a divulgação de escritos, a transmissão da palavra, ou a publicação, a exposição ou a utilização da imagem de uma pessoa poderão ser proibidas, a seu requerimento e sem prejuízo da indenização que couber, se lhe atingirem a honra, a boa fama ou a respeitabilidade, ou se se destinarem a fins comerciais. (grifo nosso)

A proteção da imagem decorre da simples exposição ou utilização indevida. Assim, não depende da configuração concomitante de ofensa à **honra**, como talvez se possa inferir da literalidade do **art. 20**, recebendo, a citada redação, diversas críticas dos estudiosos dos direitos da personalidade (cf. SCHREIBER, 2014, p. 108).

O objeto do direito sob comento costuma ser dividido pela doutrina em **imagem retrato**, "referente ao aspecto físico da pessoa ou sua fisionomia, seu visual e fonografia, sua identificação" e **imagem atributo**, relacionada à sua "projeção, repercussão ou identidade social, às características como se apresenta à e na sociedade, seu repositório identitário social e historicamente construído" (FACHIN, 1999, p. 47 *apud* SARLET, 2018, p. 296).

Embora personalíssimo, é **relativamente disponível**, ou seja, o titular pode consentir, tácita ou expressamente, a faculdade de uso por terceiros, a título gratuito ou oneroso, mediante declaração de vontade ou contrato de cessão de uso de direitos. A autorização deve ser temporária e ter finalidade especificada, a fim de que não ultrapasse os limites da disposição.

---

nados "à livre expressão e desenvolvimento da personalidade humana" (RIBEIRO, 1991, p. 158 e 167). Confira-se ainda: "a tutela do direito geral de personalidade abarca toda atividade de personalidade humana, protegendo bens jurídicos da vida, da integridade corporal, da saúde, da liberdade, da privacidade, entre outros, destinados ao desenvolvimento de todo o homem como ser individual" (SZANIAWSKI, 2005, p. 170).

A **concepção negativa** dos direitos da personalidade objetiva impedir que terceiros, sem autorização da pessoa, exponham ou reproduzam sua imagem, por qualquer meio. Contudo, como ocorre em relação a outros tantos direitos de relevo, o concernente à imagem não é absoluto. As ressalvas não se resumem às expressas "exigências de administração da justiça e de manutenção da ordem pública", nos termos do citado art. 20 do Código Civil. Independem de consentimento, normalmente, a exposição ou reprodução da imagem em razão do cargo público, das funções políticas, da notoriedade artística ou social. Além dessas circunstâncias, "se a imagem fizer parte de situações registradas em lugares públicos, compondo uma cena pública, não se pode fazer objeção ao seu uso, desde que a imagem da pessoa não esteja destacada, ou seja, não constitua o objetivo principal" (cf. BORGES, 2005, p. 156).

É possível ainda o manejo do **princípio da proporcionalidade** (através da ponderação) para excepcionar a autorização. Neste sentido, o escólio de Anderson Schreiber (2014, p. 109): "Em algumas situações, admite-se a divulgação não autorizada da imagem alheia, como resultado da ponderação entre a proteção à imagem e outros interesses de ordem também constitucional, especialmente a liberdade de informação e a liberdade de expressão intelectual, artística ou científica".[3]

A **liberdade de informação** (ou de imprensa), da mesma forma que a imagem, encontra guarida constitucional, mais especificamente no art. 5º, incisos IV e XIV, e no art. 220, § 1º. Como se verá no transcurso deste escrito, em determinadas situações ela preponderará, enquanto em outras não.

3. Sobre a ponderação, com o fito de identificar o valor de maior peso que há de prevalecer, Robert Alexy esclarece que: "A lei do sopesamento mostra que ele pode ser dividido em três passos. No primeiro é avaliado o grau de não-satisfação ou afetação de um dos princípios. Depois, em um segundo passo, avalia-se a importância da satisfação do princípio colidente. Por fim, em um terceiro passo, deve ser avaliado se a importância da satisfação do princípio colidente justifica a afetação ou a não-satisfação do outro princípio" (ALEXY, 2012, p. 594). Ao lado da proporcionalidade, Elimar Szaniawski (2005, p. 284-285) defende a aplicação dos princípios da proporcionalidade-igualdade e do meio menos lesivo (ou do menor sacrifício). O primeiro, uma soma dos princípios expressos no nome, por afastar todas as modalidades de privilégios e preconceitos; o segundo, ao observar "a necessidade de uma relação fungível entre a lesão causada e o fim perseguido, isto é, uma proporcionalidade e, diante da existência de vários meios, deverá ser sempre escolhido o meio menos lesivo".

3. SIGILO E DIVULGAÇÃO DA IMAGEM PELA POLÍCIA JUDICIÁRIA

O **princípio constitucional da publicidade** na administração pública (**art.** 37) objetiva promover a transparência e permite a fiscalização dos seus atos. Prevê o **art. 5º**, **XXXIII**, da Constituição, nessa senda, que: "todos têm direito a receber dos órgãos públicos informações de seu interesse particular, ou de interesse coletivo ou geral, que serão prestadas no prazo da lei, sob pena de responsabilidade, ressalvadas aquelas cujo sigilo seja imprescindível à segurança da sociedade e do Estado".

A **Lei 12.527 de 2011**, conhecida como Lei de Acesso a Informação, regulamentada pelo **Decreto 7.724 de 2012**, disciplina o citado direito público de receber informações, assim como os casos de admissão excepcional do sigilo, nos termos dos arts. 4º, III (definição legal de informação sigilosa), 7º, §§ 2º e 4º (restrição de acesso fundamentada em sigilo), 23º (rol de informações sigilosas) e 24º (classificação da informação em ultrassecreta, secreta ou reservada), etc.

Regulado de modo especial, o **sigilo das investigações policiais** está expresso no **art. 20** do **Código de Processo Penal**, com a seguinte redação: "A autoridade assegurará no inquérito o sigilo necessário à elucidação do fato ou exigido pelo interesse da sociedade". A sigilosidade, nesta sede, é fundamental para resguardar a eficácia das investigações, ao proporcionar a preservação das provas e elementos de informação colhidos.

É estabelecida, de regra, pelo **Delegado de Polícia**, na medida necessária, conforme as circunstancias específicas da apuração demandem a restrição. Mas também pode ser determinada por um **Juiz de Direito**, especialmente quando os atos da investigação, em razão da reserva jurisdicional, dependam de decisões judiciais (decretação de medidas cautelares, autorização para obtenção de determinados meios de prova, etc). Neste caso, o sigilo é qualificado como **segredo de justiça** (ou publicidade restrita, como alguns preferem chamar), o qual encontra fundamento nos arts. 5º, LX, e 93, IX, da Carta Cidadã. Exemplo de segredo de justiça, decretável mediante representação do presidente das investigações, pode ser extraído do **art. 23** da lei de combate à organizações criminosas (**Lei 12.850 de 2013**).[4]

---

4. Art. 23: "O sigilo da investigação poderá ser decretado pela autoridade judicial competente, para garantia da celeridade e da eficácia das diligências investigatórias, assegurando-se ao defensor, no interesse do representado, amplo acesso aos elementos de

O sigilo na fase inquisitória, vale dizer, deve ser avaliado sob as seguintes perspectivas (cf. SILVA, 2021, p. 55): a) **interna**, oposto, total ou parcialmente, ao investigado e seu advogado (observadas, por óbvio, as prerrogativas decorrentes do art. 7°, XIV e §§ 10 e 12 do Estatuto da OAB e Súmula Vinculante 14 do STF) e b) **externa**, oposta a pessoas estranhas à investigação (desinteressados, curiosos, mídia, etc.). Nosso enfoque, em razão do objeto deste escrito, será sobre a perspectiva externa.

Francisco Saninni lembra que a sigilosidade deve perdurar pelo tempo necessitário à reunião de indícios suficientes de autoria (investigação criminal em sentido estrito) (in FONTES; HOFFMANN, 2020, p. 82-83). Atingido esse mister, é possível romper o sigilo e a prestar publicamente informes sobre a apuração, desde que não exponha ao perigo a **intimidade e vida privada** (onde a imagem está inserida) de testemunhas, vítimas e do próprio investigado. Segundo Márcio Alberto Gomes Silva (2021, p. 56):

> Normalmente o sigilo externo é parcialmente levantado quando há deflagração de operação policial ou finalização da investigação (com o intuito de atender ao direito de informação do seio social, que tem justificável interesse em conhecer, ainda que parcialmente, os malfeitos praticados e o trabalho de elucidação levado a cabo pela polícia judiciária). É preciso especial cuidado nesse momento, para não expor desnecessariamente os envolvidos (especialmente a vítima e o investigado).

Realizada a devida ponderação entre o direito à preservação da intimidade de investigados, no que toca à identificação, e o direito da imprensa de divulgar fatos criminosos que os envolvam, prevalece o último, pois a imputação de prática criminosa a alguém constitui fato de relevante interesse da sociedade, preponderando o direito público à informação, não obstante o constrangimento que se possa causar. É dis-

prova que digam respeito ao exercício do direito de defesa, devidamente precedido de autorização judicial, ressalvados os referentes às diligências em andamento. Parágrafo único. Determinado o depoimento do investigado, seu defensor terá assegurada a prévia vista dos autos, ainda que classificados como sigilosos, no prazo mínimo de 3 (três) dias que antecedem ao ato, podendo ser ampliado, a critério da autoridade responsável pela investigação".

pensável, *a priori*, autorização prévia para citação do nome e exposição da imagem.[5]

A divulgação deve, nesse contexto, limitar-se a dados essenciais, na medida necessária ao **interesse informativo do público**, sendo vedada a prestação de informes inverídicos ou de modo vexatório à pessoa. Deve-se evitar, ainda, adentrar em detalhes irrelevantes ou pessoais, sem qualquer conexão com o fato investigado (ex. conversas picantes com um amante; confissões sobre uma família paralela, desconhecida da outra; fotos e filmagens de "nudes", etc. Nada disso pertine ser conhecido publicamente).[6]

É perfeitamente regular que a polícia divulgue, para os fins da persecução penal, por exemplo: 1) filmagens do cometimento de uma infração penal registradas por câmeras para fins de identificação de autoria (buscando preservar através de edição e processamento das imagens a identidade dos não envolvidos); 2) imagens constantes de arquivos oficiais, como fotografias da identificação civil/criminal, ou mesmo obtidas em fontes abertas ao público na internet (ex. redes sociais) para localização de suspeito foragido ou procurado; 3) O retrato falado de suspeito a ser identificado.

As cúpulas das polícias judiciárias precisam estabelecer (por meio de **portarias** ou **instruções normativas** internas) procederes adequados a serem observados na divulgação de suspeitas de prática criminosa, após o levantamento do sigilo externo, a fim de que os meios de comunicação transmitam ao público o retrato mais fidedigno possível da

5. O Enunciado nº 279, da IV Jornada de Direito Civil, sobre conflito entre o direito à imagem e os demais direitos fundamentais expressa o seguinte: "A proteção à imagem deve ser ponderada com outros interesses constitucionalmente tutelados, especialmente em face do direito de amplo acesso à informação e da liberdade de imprensa. Em caso de colisão, levar-se-á em conta a notoriedade do retratado e dos fatos abordados, bem como a veracidade destes e, ainda, as características de sua utilização (comercial, informativa, biográfica), privilegiando-se medidas que não restrinjam a divulgação de informações" (apud BATISTA, 2016).

6. André Ramos Tavares, realizando sua leitura constitucional da lei de acesso informação, admite o sigilo em razão da imagem e da vida privada, "especialmente em casos de investigação a partir de indícios prováveis, mas não suficientes para onerar os investigados (pelo aparato policial do Estado) com todo peso que uma mera suspeita policial ocasiona na mídia" (SARLET, 2018, p. 378). Entendemos que se os indícios são insuficientes, caso haja questionamento pela imprensa, o recomendável seria esclarecer publicamente a situação favorável ao suspeito. O silêncio, ao revés, só aumentaria as especulações, invariavelmente negativas.

situação relatada, sem colocar em risco os envolvidos. Não obstante os argumentos expostos, falhas ainda são verificáveis corriqueiramente na rotina da segurança pública.

Policiais sob pressão, no afã de mostrar os progressos das apurações sob sua responsabilidade, especialmente em casos de repercussão, eventualmente expõem prematuramente investigados ainda em fase inicial de levantamento ou mesmo presos provisórios, sem observância dos parâmetros acima tratados. Há também aqueles profissionais que buscam atender o interesse pessoal, aproveitando-se do momento de publicidade ostensiva para buscar sua autopromoção (cf. LIMA, 2020, p. 113). Terminam, em seus pronunciamentos públicos, por reproduzirem o discurso do populismo penal, que não respeita os limites éticos e jurídicos.[7]

Os excessos que desrespeitam o direto à imagem podem ensejar a responsabilização tanto da plataforma midiática que divulga, publica ou transmite a notícia, quanto do policial divulgador, como se verá no tópico a seguir.

4. EXPOSIÇÃO INDEVIDA E PUNIÇÃO

Quando os limites do direito à informação são extrapolados, mediante exposição indevida da figura das pessoas, assiste aos interessados o direito de buscarem as vias legais para o saneamento da violação, reparação, bem como a devida responsabilização.

Na seara cível, é possível o exercício do **direito de resposta** ou retificação do ofendido, garantido pelo art. 5º, **V, da CF, e disciplinado pela** Lei 13.188 de 2016. Há, outrossim, a possibilidade do manejo da **tutela inibitória** antes da exibição ao público, em matéria a ser divulgada,

7. Tem-se observado policiais fazendo uso de redes sociais e plataformas de compartilhamento de vídeos para divulgação de seus feitos operacionais, não raro apresentados com ares de espetáculo. Eles buscam captar a maior quantidade possível de admiradores (seguidores) pelos mais variados motivos: há os que apenas querem afagar o seu narcisismo, os que anseiam por reconhecimento profissional, os que têm pretensões políticas, e, ainda, aqueles que visam rendimentos extras. Repercutem, em âmbito nacional, publicações populistas contendo ações policiais supostamente forjadas, exposição vexatória de presos, discursos extremistas, etc., as quais têm ensejado a abertura de processos tanto administrativos como judiciais para apuração da responsabilidade dos emissores. Ao fim e ao cabo, o uso abusivo das mídias para a autopromoção, de fato, precisa ser combatido no âmbito das instituições policiais, por extrapolar o interesse público, bem como violar direitos fundamentais.

publicada ou transmitida por veículo de comunicação social. Depois da divulgação, publicação ou transmissão, cabe a interrupção da propagação e a reparação moral por meio de **indenização**. Na seara compensatória, o Estado também pode ser acionado, cabendo-lhe o direito de regresso para ressarcir-se do prejuízo que o responsável pelo dano, pertencente aos seus quadros, causou.

Administrativamente, há responsabilidade sancionada com multa, *verbi gratia*, prevista no **art. 247** do **Estatuto da Criança e do Adolescente** (Lei 8.069/1990), por descumprimento ao **art. 143** da mesma lei, o qual proíbe a divulgação de atos judiciais, policiais e administrativos que digam respeito a crianças e adolescentes a que se atribua autoria de ato infracional, significando dizer que estarão acobertados pelo sigilo externo de modo permanente. Qualquer notícia a respeito do fato não pode identificar a criança ou adolescente, vedando-se **fotografia, referência a nome, apelido, filiação, parentesco, residência e, inclusive, iniciais do nome e sobrenome** (parágrafo único).[8] O Delegado, como garante dos direitos do adolescente investigado ou apreendido, deve repelir qualquer atitude que vise a expor a imagem e identidade deste. Nada impede a publicação da notícia, em si, mas ela não conterá os dados vedados.

O excesso pode ainda configurar infração funcional por parte do policial divulgador, sujeitando-o a sanções disciplinares. **Sindicância** ou **Procedimento Administrativo Disciplinar** (PAD) podem ser instaurados, conforme a circunstâncias, pela respectiva corregedoria para a devida apuração da conduta, devendo ser observado o devido processo legal (garantias da ampla defesa e contraditório).

No campo penal as sanções são mais gravosas para o agente público. Com a edição da **Lei 13.869 de 2019**, conhecida como **Lei de Abuso de autoridade**,[9] substituta da Lei 4.898 de 1965, foram criadas algumas

8. Art. 247: "Divulgar, total ou parcialmente, sem autorização devida, por qualquer meio de comunicação, nome, ato ou documento de procedimento policial, administrativo ou judicial relativo a criança ou adolescente a que se atribua ato infracional: Pena – multa de três a vinte salários de referência, aplicando-se o dobro em caso de reincidência. § 1º Incorre na mesma pena quem exibe, total ou parcialmente, fotografia de criança ou adolescente envolvido em ato infracional, ou qualquer ilustração que lhe diga respeito ou se refira a atos que lhe sejam atribuídos, de forma a permitir sua identificação, direta ou indiretamente".

9. É curioso que parte de nossos legisladores, interessados na retaliação às prisões e condenações criminais de criminosos de colarinho-branco que vinham ocorrendo em tempos recentes, aproveitaram o momento de desgaste na opinião pública sofrido

condutas típicas incriminadoras que visam resguardar a integridade moral e honra de investigados/presos/detidos.[10] Comentaremos, *en passant*, as quatro que se conformam ao tema deste artigo.

As duas primeiras estão consignadas no **art. 13, I e II**. São atos de constrangimento ao preso ou detento, apenados com detenção, de 1 (um) a 4 (quatro) anos, e multa, sem prejuízo da pena cominada à violência (concurso material). Consistem nas ações de constranger o preso (privado da liberdade em consequência de condenação criminal) ou o detento (privado da liberdade sem condenação), mediante violência (física, *vis corporalis/absoluta*), grave ameaça (violência moral, *vis compulsiva*) ou redução de sua capacidade de resistência (ex: "dar uma droga qualquer, impedindo a livre volição da vontade", cf. NUCCI, 2020, p. 21), a:

<u>I – exibir-se ou ter seu corpo ou parte dele exibido à curiosidade pública:</u>

Trata-se de ação forçada à exposição gratuita e sensacionalista, direcionada a programas policiais na TV, sites de notícias, grupos de mensageria eletrônica (ex: *Whatsapp*, Telegram), etc. Se o suspeito deseja espontaneamente se exibir, por óbvio, não haverá crime. A curiosidade pública não se confunde com o interesse público, aquela se refere ao frenesi popular de saber quem é o que fez (cf. LESSA, 2020, p. 1 *apud* LEITÃO JÚNIOR; OLIVEIRA, 2019).

Num passado não muito distante, as polícias costumavam apresentar oficialmente presos em **coletiva** reservada à mídia. Eram colocados frente ao *banner* institucional, sempre algemados, para que fossem fotografados e filmados, com o fim de divulgação do êxito da operação que culminou na captura ao grande público. Este tipo de apresentação costuma passar ares ilusórios de resolutividade aos crimes, quando na verdade ainda haveria uma longa estrada pela frente até a confirmação processual da culpa. Muitas das prisões cumpridas pela polícia são cautelares, ou seja, precárias, não definitivas, e podem ser revogadas mais a frente. Essa

---

pela Operação Lava Jato, quando do vazamento de mensagens de celular de seus integrantes, para aprovar a Lei de Abuso de Autoridade. Antes do famigerado episódio, qualquer tentativa de aprová-la era rechaçada e considerada prática atentatória ao combate à corrupção pela maioria dos parlamentares.

10. Em conformidade com as disposições do art. 5º, III e XLIX da Constituição; art. 5° 1, 2, da Convenção Americana de Direitos Humanos (Pacto de São José da Costa Rica) e arts. 40 e 41, VIII, da Lei de Execução Penal

prática, acredita-se, foi institucionalmente abolida da rotina policial brasileira, especialmente após a edição da nova lei punitiva em comento.

Filmagens e registros fotográficos involuntários pela imprensa, quando a diligência está em progresso ou quando do transporte presos, em **locais não controlados** (cf. JORGE; LEITÃO JÚNIOR, 2021, p. 168), não responsabilizam os agentes públicos pelo crime. É válido frisar, nessa trilha, que **todos** os crimes de abuso de autoridade exigem **dolo específico**, consistente na: "finalidade específica de **prejudicar** outrem ou **beneficiar** a si mesmo ou a terceiro, ou, ainda, por **mero capricho** ou **satisfação pessoal**" (**art. 1º, parágrafo 1º**). Não são contempladas, portanto, ações imprudentes ou negligentes (culposas).

<u>II – submeter-se a situação vexatória ou a constrangimento não autorizado em lei:</u>

A segunda conduta, "submeter-se a situação vexatória", contida na primeira parte do inciso II, obsta a execração, o deboche, a **humilhação pública**, e é residual em relação à anterior. Em razão do princípio da especialidade, quando se tratar de **adolescente infrator**, incidem as penas do delito inscrito no **art. 232** do Estatuto da Criança e do Adolescente.[11]

Exemplos casuísticos são trazidos por Renato Brasileiro (LIMA, 2020, p. 113):

> se o preso (ou detento) for constrangido, mediante violência, grave ameaça ou redução de sua capacidade de resistência, a vestir uma roupa vexatória, a ficar nu, a ser objeto de 'cusparada', a gravar vídeo pedindo desculpas à sociedade, ou a cantar 'parabéns pra você' com Policiais Militares na eventualidade de ser preso em flagrante no dia do seu 18º aniversário.[12]

---

11. Art. 232: "Submeter criança ou adolescente sob sua autoridade, guarda ou vigilância a vexame ou a constrangimento: Pena – detenção de seis meses a dois anos".

12. A origem histórica desse tipo de comportamento vingativo, segundo Luiz Flávio GOMES e Débora ALMEIDA (2013, p. 113): "Vem, segundo Nietzsche (A genealogia da moral), da pré-história, antes do nascimento da ideia de Estado. O contribuinte, o jornalista, o parlamentar, o policial, o juiz, o promotor etc., quando praticam ou exigem o escárnio do suspeito ou acusado, cumprem o mesmo papel do antigo credor diante de seu devedor, que não honra o compromisso assumido. Quem é acusado de quebrar a ordem jurídica (o inimigo) teria de assumir a posição desse provecto devedor, um inferior, que deve ser tratado de forma pejorativa, humilhante, vexatória, pelo superior, que experimenta uma sensação de poder ao infligir dor e humilhação nesse 'devedor'".

Vale lembrar que o Congresso **manteve o veto** ao **art. 14** da Lei de Abuso de Autoridade, que incriminava a conduta de: "Fotografar ou filmar, permitir que fotografem ou filmem, divulgar ou publicar fotografia ou filmagem de preso, internado, investigado, indiciado ou vítima, sem seu consentimento ou com autorização obtida mediante constrangimento ilegal, com o intuito de expor a pessoa a vexame ou execração pública". A ratificação do veto confirma a possibilidade da divulgação, sem autorização, de fotografia ou filmagem de suspeitos quando da prática de crimes, pois como tratado linhas atrás, prevalece aqui o direito à informação sobre o da imagem. O que se veda é a submissão forçada, mediante violência própria (violência física e moral) ou imprópria (redução da capacidade de resistência), a situações constrangedoras.

A terceira ação incriminada, atentatória à imagem (neste caso, a atributo), é a divulgação de **gravação ou trecho de gravação**, sem relação com a prova que se pretenda produzir, expondo a intimidade ou a vida privada ou ferindo a honra ou a imagem do investigado ou acusado, constante no **art. 28** da Lei de Abuso de Autoridade, o qual comina ao infrator pena de detenção, de 1 (um) a 4 (quatro) anos, e multa. Os exemplos mais corriqueiros são o vazamento de áudio de interceptação telefônica ou ambiental, assim como de áudios extraídos de celular, para telejornais e revistas de grande circulação.

Quando as comunicações forem telefônicas/telemáticas, o tipo é subsidiário em relação ao do **art. 10** da **Lei 9.296 de 1996**. Neste contexto, destaque-se a existência do incidente de inutilização da gravação que não interessa à prova, regulado no **art. 9º** do mesmo diploma legal, o qual corrobora a ausência de interesse público sobre essa parte dos registros angariados na investigação.

Com o avanço da tecnologia, especialmente mediante uso de aplicativos de mensageria eletrônica (a exemplo do *Whatsapp* e Telegram), a qualidade da comunicação interna e externa da polícia, como um todo, teve considerável incremento. Atualmente é possível realizar videoconferências ao vivo com a equipe, tirar e compartilhar fotos de diligências, gravar áudios, enviar geolocalização, etc. Enfim, vários recursos otimizam a troca de informações entre policiais e entre estes e a imprensa. As facilidades, ao mesmo tempo em que são providenciais para a melhoria da prestação do serviço, por outro lado podem ser danosas a terceiros, quando há repasses ou vazamentos indevidos de mídias com conteúdo sigiloso. Exige-se, portanto, do policial, guardião das informações reservadas (delegado, investigadores, analistas do setor de inteligência), correção no seu manejo.

Finalmente, pune-se, com pena de detenção, de 6 (seis) meses a 2 (dois) anos, e multa a **antecipação de atribuição de culpa** antes da conclusão de apuração ou acusação, por meio do **art. 38**, cuja conduta é de: Antecipar o responsável pelas investigações (Delegado de Polícia, membro do Ministério Público), por meio de comunicação (compreendendo revistas, jornais, televisão e *sites* da internet), inclusive rede social (ex. Facebook, Twiter, Instagram, etc.), atribuição de culpa (tomada em sentido estrito, ou seja, o "status" decorrente da incontestável prática de um ato delituoso), antes de concluídas as apurações (inquérito policial ou outro procedimento investigatório criminal diverso) e formalizada a acusação (pela denúncia ou queixa-crime).

No processo comunicativo com a mídia, a adequada qualificação do investigado deve ser rigorosamente observada. Como bem observa SCHREIBER (2014, p. 86), existe a tendência do público confundir suspeita com comprovação do fato. Absorvida pela histeria causada pelo **populismo penal midiático**[13], parte da audiência dos meios de comunicação adota posturas furiosas e intolerantes diante do investigado retratado. Muitas vezes o dano transcende o suspeito e atinge sua família e até terceiros sem qualquer vínculo, em atos de selvageria. A imagem de alguém, vinculada taxativamente à responsabilidade pela prática de crimes, na maioria das vezes resta indelével da mentalidade coletiva, mesmo que posteriormente se possa provar a inocência. Aliás, raramente se noticia a absolvição e o não indiciamento. É preciso, destarte, condicionar as falas dos porta-vozes das notícias a serem divulgadas para que evitem expressões que atribuam culpa antecipada.

Concluindo o presente tópico, registre-se que a **Lei Anticrime** (13.964 de 2019) ao instituir o **Juiz de Garantias**, incluiu, dentre as atribuições que lhe cabem, o dever de: "... assegurar o cumprimento das regras para

13. O populismo midiático estaria alicerçado em quatro pilares: "a exacerbação de fatos violentos, que passa a impressão de fragilização da segurança, acarretando a retroalimentação de demandas por mais material dessa estirpe; a sacralização da vítima, que confere maior enfoque à dor e ao sofrimento desta, de forma a favorecer que o público com ela se identifique; a demonização do criminoso, que reveste o delinquente de protótipos maniqueístas e de adjetivos pejorativos no intuito de afastá-lo de qualquer empatia por parte da audiência; e, por derradeiro, a disseminação da ilusão de que a punição é o melhor meio de solução de conflitos e/ou de modificação do reprovável plano fático. Essa perspectiva fomenta uma cultura punitiva que, transcendendo o modelo tradicional, acaba, de certo modo, abrangendo crimes desprovidos de violência, como os de perigo abstrato" (GOMES; ALMEIDA, 2013, p. 458-459).

o tratamento dos presos, impedindo o acordo ou ajuste de qualquer autoridade com órgãos da imprensa para explorar a imagem da pessoa submetida à prisão, sob pena de responsabilidade civil, administrativa e penal" (*caput* do **art. 3º-F** do Código de Processo Penal).[14]

A nova figura judiciária, até a conclusão deste escrito, encontrava-se suspensa pelo Supremo Tribunal Federal, em razão de decisão liminar em ações de inconstitucionalidade, emanada pelo Ministro Luiz Fux. Não significa dizer que no regime em vigor o magistrado da competência criminal não possa, da mesma forma que juiz garantidor, controlar a legalidade da investigação criminal e salvaguardar os direitos individuais dos investigados.

5. CONSIDERAÇÕES FINAIS

Diante de todo o exposto e concluindo a exposição desenvolvida, elencamos algumas sugestões, voltadas à polícia judiciária, de como pode proceder diante das demandas por pronunciamentos públicos:

1) O delegado, na condição de titular da investigação, é o gestor do sigilo do inquérito. Os agentes da autoridade policial, portanto, não devem compartilhar dados reservados com terceiros sem seu conhecimento e prévia autorização;

2) Seguir as diretrizes da portaria ou instrução normativa da instituição policial à qual pertence o porta-voz (delegado, policial designado, assessor de comunicação), sobre conduta de servidores policiais no trato com a Imprensa. Em Sergipe, a Polícia Civil segue a Portaria nº 30 de 2021 da SUPCI, que atualiza os protocolos de comunicação conforme a Lei de Abuso de Autoridade, dispondo sobre "a conduta de servidores da Polícia Civil para conceder entrevistas e/ou remeter conteúdo à imprensa para subsidiar matéria jornalística, disciplina o uso de redes sociais por policiais civis e dá outras providências.";

3) Limitar-se, diante da indagação pelos meios de comunicação, a divulgar, sem sensacionalismo, exclusivamente informações cujo conhecimento pelo público não causem prejuízo às in-

14 Não custa lembrar que as responsabilidades civil, administrativa e penal são independentes e podem ser promovidas simultaneamente (conforme arts. 6º, 7º e 8º da Lei de Abuso de Autoridade).

vestigações e não afetem a intimidade, a honra, ou a imagem das pessoas envolvidas;

4) Não divulgar imagens de detidos/presos, algemados ou não, em coletivas à imprensa, sites ou redes sociais (institucionais ou pessoais). O ideal é fazer uso de fotos/filmagens anteriores à constrição da liberdade;

5) Caso o detido/preso deseje falar ou permita ser exibido, registrar por escrito a autorização, "detalhando como pessoa deverá aparecer, em que trajes e posições, em quais lugares, com quem, com que objetos, quando, a que veículos de comunicação o uso de imagem se destina e por quanto tempo" (cf. BORGES, 2005, p. 160). O Registro da declaração de vontade também pode ser realizado por vídeo;

6) Classificar o suspeito sempre como "averiguado", "investigado" ou "indiciado", a depender do momento em que houver o pronunciamento. Evitar expressões como "autor", "acusado" ou "culpado" (cf. JORGE; LEITÃO JÚNIOR, 2021, p. 98). A comunicação pode se dar nos seguintes moldes sugeridos: "Fulano é investigado por suspeita de..."; "Sicrano foi preso em flagrante sob suspeita de...", etc.. Mesmo o ato do indiciamento, oportunidade em que se altera a condição de mero suspeito do investigado para de provável autor de uma infração penal, deve ser comunicado de modo a não se atribuir culpa antecipada.

Cabe, assim, aos integrantes da polícia judiciária agirem devidamente na difusão de informações ao grande público, observando os limites que foram analisados, de modo a respeitar ao mesmo tempo o direito de informação da sociedade e a proteção da imagem do investigado. Há uma séria responsabilidade ético-social que exige preparo dos profissionais de segurança pública nesse proceder.

Ademais, o *marketing* institucional (e até o pessoal do policial) não pode justificar espetáculos midiáticos e vazamentos de qualquer natureza. Como destacam Luiz Flávio Gomes e Débora de Souza de Almeida (2013, p. 114): "Em nome do eficientismo penal (defendido pelo populismo midiático) não se pode abandonar as garantias constitucionais que configuram termômetros de civilidade. As duas coisas, aliás, não são incompatíveis".

Espera-se que o presente texto possa contribuir satisfatoriamente para nortear as ações policiais diante da temática tratada, de modo a preservar qualidade da *persecutio criminis,* respeitando os pilares da democracia, cidadania e direitos humanos.

6. REFERÊNCIAS BIBLIOGRÁFICAS

ALEXY, Robert. **Teoria dos Direitos Fundamentais.** 2.ed. tradução Virgílio Afonso da Silva. São Paulo: Malheiros, 2012.

ARAÚJO, Tiago Lustosa Luna de. A apreensão em flagrante do adolescente infrator na fase policial. **Revista Jus Navigandi,** ISSN 1518-4862, Teresina, ano 15, n. 2627, 10 set. 2010. Disponível em: https://jus.com.br/artigos/17373. Acesso em: 25 set. 2021.

ARAÚJO, Tiago Lustosa Luna de. As novas prerrogativas e garantias funcionais do delegado de polícia. Comentários à Lei 12.830/2013. **Revista Jus Navigandi,** ISSN 1518-4862, Teresina, ano 18, n. 3792, 18 nov. 2013. Disponível em: https://jus.com.br/artigos/25877. Acesso em: 25 set. 2021.

BATISTA, Denilson. Direito à imagem e seus limites jurídicos. **Jus Navigandi,** 2016. Disponível em: https://jus.com.br/artigos/47596/direito-a-imagem-e-seus-limites-juridicos. Acesso em: 25 set. 2021.

BITTAR, Eduardo Carlos Bianca; ALMEIDA, Guilherme Assis de. **Curso de Filosofia do Direito.** 9. ed. - São Paulo: Atlas, 2011.

BORGES, Roxana Cardoso Brasileiro. **Disponibilidade dos direitos da personalidade e autonomia privada.** Saraiva: São Paulo, 2005.

FONTES, Eduardo; HOFFMAN, Henrique (Coord.). **Temas avançados de polícia judiciária**. 4. ed rev., atual. e ampl. Salvador: Editora Juspodivm, 2020.

GOMES, Luiz Flávio; ALMEIDA, Débora de Souza de. **Populismo penal midiático: caso mensalão, mídia disruptiva e direito penal crítico**. Coordenadores: Alice Bianchini, Ivan Luís Marques e Luís Flávio Gomes. São Paulo: Saraiva, 2013.

JORGE, Higor Vinicius Noguieira; JÚNIOR, Joaquim Leitão; Garcez, William (Org.). **Legislação criminal especial comentada**. Salvador: Editora Juspodivm, 202[illegible].

JÚNIOR, Joaquim Leitão; OLIVEIRA, Marcel Gomes de. **A possibilidade de divulgação das imagens de presos ou de pessoas investigadas pelos órgãos de segurança pública**. Portal Meu Site Jurídico,

2019. Disponível em: https://meusitejuridico.editorajuspodivm.com.br/2020/05/12/possibilidade-de-divulgacao-das-imagens-de-presos-ou-de-pessoas-investigadas-pelos-orgaos-de-seguranca-publica/. Acesso em: 25 set. 2021.

LIMA, Renato Brasileiro de. **Legislação criminal especial comentada – volume único.** 8. ed. rev., atual. e ampl. Salvador: Juspodivm. 2020.

NUCCI, Guilherme de Souza. **Lei penais e processuais penais comentadas** Vol. 1. 13. ed. rev., atual. e ampl. - Rio de Janeiro: Forense, 2020.

RIBEIRO, Teixeira. **Lições de Direitos da Personalidade**. Universidade de Coimbra, 1991.

SARLET, Ingo Wolfgang; STRECK, Lenio Luiz; MENDES, Gilmar Ferreira (Coordenação). **Comentários à Constituição do Brasil**. 2. ed. - São Paulo: Saraiva, 2018.

SCHREIBER, Anderson. **Direitos da Personalidade.** 3 ed. Rev. e Atual. São Paulo. Grupo GEN, 2014.

SILVA, Márcio Alberto Gomes. **Processo Penal para Carreiras Policiais.** 6. ed. rev., atual. e ampl. Salvador: Juspodivm. 2021.

SZANIAWSKI, Elimar. **Direitos da Personalidade e sua tutela**. 2. ed. São Paulo: Revista dos Tribunais, 2005.

7

MARKETING DIGITAL E POLÍCIA JUDICIÁRIA: O USO DA IMAGEM INSTITUCIONAL E DO APARATO POLICIAL PARA FINS PARTICULARES

Fabio Marques Barbosa[1]

1. INTRODUÇÃO

Dialogar acerca do tema marketing digital e polícia judiciária demanda pesquisas que vão além das leituras ortodoxas no campo do direito, uma vez que esta literatura ainda é incipiente, principalmente no Brasil. Este diálogo envolve, ainda, a discussão sobre o uso de imagens na contemporaneidade, a relação público-privada e questões intrínsecas à segurança pública.

1. Delegado de Polícia da Polícia Civil do Estado de Goiás, Mestre em Estudos Fronteiriços (Ciências Sociais Aplicadas) pela Universidade Federal de Mato Grosso do Sul (UFMS), Especialista em Direito Criminal pela Universidade Católica Dom Bosco/MS, Pós-graduando em Direito de Polícia Judiciária pela Academia Nacional de Polícia/DF, Bacharel em Direito pela UFMS. Foi policial militar no Estado de Mato Grosso do Sul, Assessor do Ministério Público do Estado de Goiás, Advogado da Área Instrumental do Estado de Mato Grosso, Analista da SEFAZ/MT e Procurador Jurídico Efetivo do Município de Rondonópolis/MT. É professor de ensino de pós-graduação, graduação e cursos preparatórios para concursos.

Vale consignar, também, que a evolução tecnológica trouxe consigo inúmeros desafios na área do marketing, em termos de comunicação e da relação entre marcas e consumidores, assim como no âmbito das próprias relações sociais e institucionais. As redes sociais passaram a ser um dos principais instrumentos de publicidade (CIRIBELI, 2011), cuja utilização não se limita às empresas, pois os indivíduos e a administração pública, do mesmo modo, começaram a promover suas próprias imagens, seguindo, muitas vezes, um *modus operandi* semelhante ao do ramo empresarial.

Outro aspecto importante está na ideia cada vez mais difundida no contexto político e econômico de que cada indivíduo é responsável pelo seu sucesso profissional, com a difusão de valores neoliberais ligados ao empreendedorismo e ao autogerenciamento, a exemplo da promoção de fenômenos como a uberização e o coaching, que traz consequências para o modo como as pessoas têm se relacionado com as suas próprias imagens no contexto profissional.

Nessa perspectiva, é preciso dizer que o presente ensaio não tem por finalidade aprofundar-se no estudo sobre Marketing Digital, mas, particularmente, se debruçar na discussão a respeito do uso da imagem da instituição policial e de seu aparato na promoção de interesses particulares, seja com fins financeiros ou por questões que se relacionem ao uso cada vez mais intenso e compulsivo das redes sociais na contemporaneidade.

A principal reflexão está, então, em analisar em que medida tais práticas, quando realizadas por agente público de segurança, configurariam crime de improbidade administrativa, haja vista que, nessas hipóteses, é possível o locupletamento ilícito por parte deste, que sem se despir de sua atividade estatal, produz conteúdo audiovisual para a divulgação de sua própria imagem. Essas postagens, quando divulgadas em redes sociais, angariam milhares de seguidores e decorrente monetização, expondo, por consequência, a imagem da instituição que representa e, ao mesmo tempo, trazendo notoriedade e popularidade ao agente público, projetando-o, inclusive, para eventuais pretensões políticas.

Assim, visando contextualizar a problemática, em um primeiro momento, serão apresentadas algumas ponderações sobre marketing digital, imagem pessoal e redes sociais. Em seguida, apresenta-se uma breve discussão que busca relacionar esta reflexão com o campo da segurança pública e, mais especificamente, com a polícia judiciária, abordando também questões que envolvem o crime de improbidade administrativa e o uso da máquina pública para fins particulares, bem como as restrições estabelecidas pelas instituições policiais acerca do uso de sua imagem, estrutura ou símbolos, especialmente por meio de conteúdo publicado nas redes sociais. Será também apresentada uma breve reflexão a respeito do uso das imagens na contemporaneidade e, finalmente, tecidas algumas considerações sobre a análise feita, sem perder de vista que o tema exige maiores discussões.

2. MARKETING DIGITAL E AS REDES SOCIAIS

Tratar do tema marketing parece simples, pois a primeira lembrança que se tem é a de propaganda. No entanto, muito mais que uma divulgação de produtos e serviços, falar sobre marketing demanda intensas pesquisas, principalmente em razão de suas variações, a exemplo do marketing social, digital, entre outros.

Assim, antes de qualquer exposição, é preciso compreender o que se entende por marketing, que, de acordo com Las Casas (2007), é

> [...] a área do conhecimento que engloba todas as atividades concernentes às relações de troca, orientadas para a satisfação dos desejos e necessidades dos consumidores, visando alcançar determinados objetivos da organização ou indivíduo e considerando sempre o meio ambiente de atuação e o impacto que estas relações causam no bem estar da sociedade. (LAS CASAS, 2007, p. 15).

Dentro do gênero "marketing" está inserido o marketing digital, que se refere à "promoção de produtos ou marcas por meio de mídias digitais", ou seja, trata-se de uma das principais maneiras que as "empresas" têm para se comunicar com o público de forma direta, personalizada e no momento considerado mais adequado. (KOTLER, 2003).

Nesse sentido, é imperioso reconhecer o marketing digital como um processo administrativo e social pelo qual indivíduos e grupos obtêm o que necessitam e desejam, por meio da criação, oferta e troca de produtos e valor uns para os outros, (KOTLER *et al*, 2017), utilizando-se de mídias digitais publicadas na internet. Outrossim, é por meio do marketing digital que as pessoas promovem suas próprias marcas e imagens, atualmente, utilizando-se, cada vez mais, das redes sociais.

Vale dizer que os avanços da tecnologia da informação e da comunicação, ao passo em que trouxeram maior rapidez e agilidade na resolução de questões cotidianas, impactaram o modo como as pessoas passaram a se relacionar (CRUZ; SILVA, 2012), viabilizando o crescimento das redes sociais, de aplicativos de relacionamento e do nicho dos chamados "influenciadores digitais".

Nessa giza, Bergamaschi *et al.* (2011) defende que um dos principais papeis das redes sociais estaria na capacidade de interligar indivíduos que possuem os mesmos interesses, facilitando a comunicação e a troca de informações. A partir delas, as pessoas e as organizações iniciaram uma comunicação mais intensa, a partir de uma linguagem mais direta e informal, representando um conjunto de novas modalidades em termos de comunicação de marketing e divulgação de marcas, produtos e imagens.

Tal como as grandes organizações que possuem *websites*, redes sociais, blogs e presença em várias plataformas com o objetivo de aprofundar a relação com os consumidores, as pessoas passaram a diferenciar-se e posicionar-se no mercado através do uso de suas imagens.

Consequentemente, os indivíduos, visando a obtenção de vantagens nem sempre patrimoniais, a exemplo de prestígio, notoriedade, popularidade, entre outras, começaram uma corrida por seguidores nas mais diversas redes sociais, expondo de maneira, muitas vezes, impulsiva, a própria intimidade.

Seguindo o ditado popular que defende que "quem não é visto não é lembrado", é cada vez mais comum e frequente encontrar profissionais de diversas áreas divulgando suas habilidades ou suas atividades laborais nas redes sociais. Quando estas promoções estão vinculadas ao direito privado, ou seja, relacionamentos entre pessoas ou empresas privadas, que divulgam e promovem suas próprias "marcas", não surgem grandes problematizações, além das que já envolvem o próprio campo.

A questão que se manifesta, hoje, como uma necessária reflexão e discussão, entretanto, envolve a promoção pessoal e privada no contexto do serviço público, ou seja, agentes públicos que têm se utilizado do aparato e da imagem institucional para angariar benefícios para si, transformando-se, muitas vezes, em influenciadores digitais ou 'celebridades' nas redes sociais.

Situações deste tipo, salvo melhor juízo, podem incidir em crime de improbidade administrativa, gerando, até mesmo processo administrativo e disciplinar contra o servidor. Além disso, há que se considerar o risco à ordem pública decorrente destas ações, principalmente quando o agente é ligado à área de segurança pública, por essa razão o regime jurídico o qual seus agentes estão submetidos impõe restrições pessoais distintas daquelas exigidas aos demais servidores públicos, inclusive quando o assunto é a exposição nas redes sociais.

3. A POLÍCIA JUDICIÁRIA E AS REDES SOCIAIS

A estrutura da segurança pública está instituída na Constituição Federal do Brasil, precisamente em seu art. 144, onde se define que a "Segurança Pública, dever do Estado, direito e responsabilidade de todos, é exercida para a preservação da ordem pública e da incolumidade das pessoas e do patrimônio", exercida pelas polícias federal, civil, militar, rodoviária federal, ferroviária federal e penal.

Nessa linha, as organizações policiais tem por finalidade, através do aparato estatal, atingir as metas da administração pública no que se refere à segurança pública. Mas afinal, em que consiste a polícia? De acordo com a doutrina,

> [...] polícia é a atividade de manutenção da ordem estabelecida em uma cidade, região ou país, implicando basicamente a proteção individual do patrimônio, e outros bens jurídicos, contra atos ilícitos previstos em diplomas penais. (ZARZUELA, 1977, p. 169).

Francesco Carnelutti define a polícia como um dos ramos da administração, cujo objetivo é promover a ordem social, lutando contra o crime:

> La función de policía, que es una de las ramas de la función administrativa, tiende a promover las condiciones materiales favorables al orden social. Puesto que el delito es un desorden, se comprende que la policía participe em la lucha contra el mismo [...]. (CARNELUTTI, 1957, p. 262).

Apresentando seus elementos primários, Waldemar Gomes de Castro conceitua a polícia como sendo a força do Estado (elemento subjetivo) que garante a segurança da sociedade contra a *vis inquietativa* (elemento teleológico), limitando a liberdade dos administrados, utilizando-se da *vis coercitiva* (elemento objetivo). (CASTRO,1947).

Assim, conclui-se que a polícia é o conjunto de serviços organizados pela administração pública para assegurar a ordem pública e garantir a integridade física e moral das pessoas, mediante limitações impostas às atividades pessoais.

Por óbvio, descarta-se, nesse conceito, o alcance da expressão "poder de polícia", atribuído à administração pública em sua função reguladora de atividades, em regra, particulares, conforme previsão do art. 78 da Lei 5172/1966 (Código Tributário Nacional).

Na teoria, a polícia é dividida em judiciária e administrativa. Esta, também conhecida como polícia preventiva, tem como principal função manter íntegra a ordem pública, prevenindo o cometimento de infrações criminais. Aquela, por seu turno, chamada de polícia repressiva, possui atuação após a prática do delito, ou seja, possui como principal função apurar os fatos que infringem a legislação criminal.

Logo, considerando suas peculiaridades e grau de importância dentro da ordem pública, a polícia não pode ser tratada como mais um serviço público prestado pelo Estado, motivo pelo qual devem seus administradores zelar pela sua imagem, bem como pela integridade física e moral de seus integrantes, colocadas em risco em virtude da exposição descontrolada de seus representantes nas redes sociais.

Considerando o uso intensivo das redes sociais e a visibilidade cada vez maior das imagens das pessoas e de suas performances pessoais ou profissionais na contemporaneidade, têm-se observado, de maneira mais frequente o uso de postagens de agentes públicos de maneira individual em seus sites e perfis particulares, sem que esteja presente, minimamente, qualquer interesse público envolvido.

Esta situação, por si só, já é uma questão a ser discutida. Quando estes agentes, porém, integram as forças policiais que, em tese, exigem discrição e ponderação em relação ao uso de imagens, a questão merece ainda maior reflexão.

Muitos agentes públicos da área de segurança pública têm divulgado ações policiais, com uso de imagens institucionais e do aparato da polícia, criando, inclusive, canais próprios em plataformas de vídeos. A partir do momento em que estes vídeos são visualizados por determinada quantidade de pessoas, sem qualquer controle, podem comprometer as ações, operações ou investigações em curso, colocando em risco as pessoas e os próprios servidores públicos, além de gerar locupletamento ilícito direto ou indireto destinado ao responsável pelo canal/perfil.

Assim, algumas questões se colocam diante deste contexto: quais os benefícios para a atividade policial, para a instituição pública ou para a coletividade podem ser trazidos pela referida exposição nas redes sociais? É lícito ou ético o uso de imagens institucionais ou do aparato policial para fins de promoção individual (monetizado ou não)? Caso alguma postagem ou divulgação de conteúdo audiovisual traga algum prejuízo aos administrados, quem deve ser responsabilizado (o agente público ou o Estado)? Por fim, ainda que esta atividade seja considerada ética ou legal, eventual monetização seria lícita?

Para responder estas indagações, é preciso observar o que diz a legislação e os verdadeiros motivos que levam o agente público a expor sua intimidade e atividade laboral nas redes.

4. REDES SOCIAIS E OS PERFIS POLICIAIS PRIVADOS: (IN)VIOLAÇÃO AOS PRINCÍPIOS ADMINISTRATIVOS

Inexiste lei específica vedando a exploração da imagem da instituição policial por agentes públicos nas redes sociais. Entretanto, em decorrência dessa lacuna, utiliza-se da previsão legal que mais se amolda ao caso concreto, a exemplo da violação dos princípios administrativos.

Os princípios da administração pública estão previstos no art. 37, da CF/88: legalidade, impessoalidade, moralidade, publicidade e eficiência. Tais princípios, quando atacados, podem responsabilizar o agente público pelo crime de improbidade administrativa, cuja sanção importa na suspensão dos direitos políticos, na perda da função pública, na indisponibilidade dos bens e ressarcimento ao erário, sem prejuízo de eventual ação penal. (CARVALHO FILHO, 2017).

As sanções, nesses casos, estão previstas na Lei 8.429/1992, popularmente conhecida por Lei de Improbidade Administrativa (LIA).

Destarte, o crime de improbidade administrativa consiste na prática de ato que viole os princípios administrativos, somado à desonestidade e deslealdade do agente público ou particular que se beneficia da conduta ilícita. O comportamento praticado, a rigor, por agente público que, nessa qualidade, atua contrariamente ao interesse público, notadamente às normas positivas e aos princípios administrativos (DI PIETRO, 2016), em tese, é tratado como ímprobo.

Nessa giza, de acordo com a LIA, considera-se ato ímprobo aquele que acarreta enriquecimento ilícito (artigo 9º), causa lesão ao erário (artigo 10) ou infringe os princípios da Administração Pública (artigo 11), conforme já pontuado.

Então, toda e qualquer divulgação de conteúdo digital, nas redes sociais, que ataque um dos princípios da administração pública ou gere locupletamento ilegal ou dano à administração, será suficiente para responsabilizar o agente público violador por crime de improbidade.

Além dessas previsões legais, que nem sempre são observadas pelos agentes públicos, tampouco pelo próprio administrador público, as Forças Policiais, particularmente as Polícias Judiciárias Civis, têm restringido o uso da imagem e do aparato institucional por meio de seus códigos de condutas, materializados em resoluções ou portarias, cujo principal objetivo é evitar que os policiais civis tenham comportamentos que indiquem a busca de reconhecimento social para si ou que visem exclusivamente algum tipo de promoção pessoal.

Tais regulamentos traçam regras claras acerca da publicidade das informações, dados ou imagens de uniformes, equipamentos, viaturas, armas ou símbolos nas redes sociais, que devem ser limitadas aos perfis institucionais, isto é, as publicações sobre atividades policiais se restringem aos canais oficiais.

Vale lembrar que a conduta individual do policial nas redes sociais pode ocasionar eventuais impactos negativos à instituição, particularmente quanto à segurança, imagem, credibilidade, respeitabilidade e confiança pelos cidadãos, além dos riscos gerados à coletividade e aos próprios agentes públicos.

Nessa perspectiva, a simples utilização de uma imagem do agente público ostentando uniformes, viaturas, símbolos ou armas oficiais, ainda que a intenção seja compartilhar mensagens motivacionais, tem o condão de gerar ato de improbidade, por violar, especialmente, os princípios da legalidade, impessoalidade e moralidade.

Ao contrário dos particulares, que podem fazer tudo o que a lei não proíbe, os agentes públicos somente podem fazer o que a lei permite. Logo, na ausência de lei autorizadora, o agente deve se abster. Ainda, os atos do agente público devem visar sempre o interesse da coletividade, razão pela qual é terminantemente proibida qualquer ação que vise atingir interesses particulares, em respeito da supremacia do interesse público e da impessoalidade.

Considera-se, assim, que a atuação do agente público, que é o *longa manus* do Estado, deve ser pautada na ética, que quando transgredida, viola o próprio direito, ferindo a moralidade administrativa.

Destarte, não é por outra razão que as instituições policiais passaram a estabelecer seus códigos de condutas para o uso das redes sociais pelos seus servidores, cuja violação estabelece sanções administrativas e disciplinares, por intermédio das corregedorias.

Por outro lado, um contraponto que poderia ser levantado relaciona-se aos direitos fundamentais de manifestação de pensamento e de liberdade de expressão, previstos, igualmente, na Carta Republicana. É sabido, porém, que inexistem direitos fundamentais absolutos, devendo essa garantia se harmonizar com os demais direitos, garantias e princípios constitucionais, citando-se, por exemplo, a proteção constitucional da imagem. Portanto, não há, em tese, justificativas para se permitir que o agente público se utilize da imagem ou do aparato institucional para angariar seguidores nas redes sociais, independente da sua motivação.

5. O IMPULSIONAMENTO NO USO DAS REDES SOCIAIS NA CONTEMPORANEIDADE

Alguns autores discutem como as pessoas têm, cada vez mais, lidado de maneira diferente com suas imagens e a própria visibilidade. Muitas vezes sem se darem conta e, principalmente, sem refletirem sobre as causas e consequências, as pessoas têm se enveredado em um fluxo contínuo e cada vez mais intenso do uso de suas imagens, em detrimento, na maioria das vezes, da própria segurança pessoal.

Coadunando com o contexto neoliberal, que impulsiona os sujeitos para um autogoverno ou governo de si mesmos, em face de uma maior ação estatal no âmbito das políticas públicas, tem-se assistido a uma busca excessiva por uma 'visibilidade contínua', em que a própria ideia sobre o humano e sobre a sua visibilidade tem se transformado.

Dessa maneira, as pessoas são impulsionadas a se promoverem tal qual empresas privadas, sendo responsáveis pelo seu sucesso profissional, deixando de questionar, quase sempre, as desigualdades e os mecanismos de exclusão social presentes na sociedade.

Da mesma forma, a não exposição de si mesmos pode representar internamente um sentimento de não pertencimento à sociedade, cada vez mais pressionada à injunção de uma visibilidade constante e compulsiva, circunstância esta que não se limita ao indivíduo, podendo ser estendido às empresas e ao próprio Estado.

Haveria, assim, vinculado a este caráter intrusivo e ilimitado das tecnologias e a esta injunção pela visibilidade contínua, o desaparecimento do espaço interior ou íntimo das pessoas (HAROCHE, 2013) e, então, tudo poderia e deveria ser exibido ou 'postado', inclusive detalhes ou informações profissionais que em outro contexto histórico e político eram consideradas de caráter mais reservado.

Nicole Aubert (2013), nesta conjectura, destaca o lado oposto desta visibilidade contínua: a 'invisibilidade proibida', que traduz o fato de que o imperativo da visibilidade intensa induz a um empobrecimento do espaço mental, ou seja, da possibilidade da escuta e do diálogo entre as pessoas, o que implica em maiores e mais constantes dificuldades no campo dos relacionamentos interpessoais. A exibição de si ou das performances no campo pessoal ou profissional seria, desta maneira, quase uma compulsão, diante da qual as pessoas estariam se enredando, mas, ao mesmo tempo, acreditando estar se beneficiando de algum modo.

Muitas pessoas, dessa maneira, têm exposto cada vez mais suas próprias imagens, suas atividades cotidianas, assim como as suas ações laborais, sem refletir sobre em que sentido esta exposição traria benefícios para si próprios ou para a atividade em questão e, principalmente, sobre as consequências desta injunção à visibilidade no contexto pessoal (emocional) ou profissional.

Uma questão importante a ser discutida, neste sentido, é que estes hábitos, tornados então quase 'necessidades' no cotidiano das pessoas, podem impactar determinados contextos institucionais, em que, historicamente e culturalmente, ou por questões éticas, não utilizam, a rigor, das divulgações e promoções de imagens pessoais, salvo quando existir interesse público.

6. CONSIDERAÇÕES FINAIS

O uso de imagens e o grande aumento no uso de tecnologias digitais e redes sociais no cotidiano das pessoas, por si só, já é uma questão a ser refletida e problematizada. Estas questões, quando relacionadas ao contexto profissional e, mais especificamente, com a relação público-privado, acentua, ainda mais, a necessidade de debates em diferentes espaços, tanto acadêmico quanto profissional.

No campo da segurança pública e da polícia judiciária, o uso de imagens e a promoção pessoal ou institucional por meios digitais é uma problemática que ocupa, ainda, poucos espaços de discussão, principalmente na seara de atuação profissional dos seus agentes.

Conforme elementos apontados no presente texto, observou-se que as redes sociais são uma ferramenta importante para o marketing digital e para a divulgação de imagens e publicidade institucional, sempre que houver interesse público envolvido, dado o maior alcance de pessoas.

No entanto, a utilização das redes sociais deve ser feita com muita cautela, uma vez que podem ocasionar sérios efeitos colaterais, dado o risco à imagem e credibilidade da instituição pública, podendo, inclusive, gerar danos à terceiros e aos próprios agentes públicos.

Então, tentando responder as indagações que motivaram essas linhas, é possível afirmar que inexistem benefícios para a atividade policial, para a instituição pública ou para a coletividade que possam ser trazidos pela divulgação ou exposição da imagem institucional ou do aparato policial pelos agentes públicos em seus perfis/canais particulares, ou seja, não há qualquer interesse público que possa fundamentar essas publicações, salvo melhor juízo.

Acerca da ética e da licitude do uso de imagens institucionais ou do aparato policial para fins de promoção individual, monetizado ou não, resta-se evidenciada a ausência de lei específica para regulamentar a matéria, porém, é possível a utilização da Lei de Improbidade Administrativa para responsabilizar o agente público pela suposta violação dos princípios administrativos, em especial os da moralidade, impessoalidade e legalidade, além dos códigos de condutas estabelecidos pelas instituições policiais.

É cediço que o agente público só pode fazer o que a lei autoriza, e como autoriza, de forma que se a lei nada dispuser, o agente fica proibido de agir. Do mesmo modo, os atos praticados pela administração pública sempre deverão atender à finalidade do interesse público, jamais podendo, pois, buscar o atendimento do interesse pessoal ou de terceiros, sob pena de incorrer em desvio de finalidade.

Igualmente, os atos praticados pela administração pública deverão seguir os parâmetros legais, morais, os bons costumes, as regras da boa administração, os princípios da justiça e da equidade e a ideia comum de honestidade, a fim de propor o que for mais útil e melhor para o interesse público.

Por fim, a respeito de eventuais danos causados pelas postagens do agente público em seu perfil particular, quando vinculadas à imagem da instituição, a responsabilidade civil será do Estado, que, em regra, é objetiva. Este, por sua vez, poderá mover uma ação de regresso contra o servidor público que provocou o dano.

Diante do exposto, e sem censura às demais opiniões em sentido contrário, é reluzente o acerto das instituições policiais em restringir, por meio da aplicação da LIA e de seus códigos de condutas, o uso imoderado das redes sociais pelos seus agentes públicos, que produzem imagens ou conteúdo audiovisual para a publicação em seus perfis particulares, sendo premente pensar, desde já, na construção de espaços e momentos de discussão entre os profissionais que integram as diferentes áreas de atuação na segurança pública, com vistas a reflexão sobre o tema.

7. REFERÊNCIAS BIBLIOGRÁFICAS

AUBERT, Nicole. A visibilidade, um Substituto da Eternidade? In: AUBERT, Nicole. HAROCHE, Claudine. (orgs.) **Tiranias da visibilidade**. São Paulo: Editora Fap/Unifesp, 2013, p. 111-123.

BRASIL. **Constituição Federal da República Federativa do Brasil**. 1988.

BRASIL. **Lei de Improbidade Administrativa**. Lei 8.429, de 1992.

BERGAMASCHI, S. *et al.* Redes Sociais na Internet: Uma investigação sobre práticas de compartilhamento de arquivos no Facebook. **Gestão da Produção, Operações e Sistemas**, Bauru/SP, n. 4, p. 125-141, out./dez. 2011. Disponível em: http://revista.feb.unesp.br/index.php/gepros/article/view/900/435.

CARNELUTTI, Francesco. **Leciones sobre el Processo Penal**. Tradução de Santiago Sentis Melendo – vol. I. s/ed., Buenos Aires: Ediciones Jurídicas Europa-América, 1957.

CARVALHO FILHO, José dos Santos. **Manual de Direito Administrativo**. 30ª ed. São Paulo: Atlas, 2017.

CASTRO, Waldemar Gomes. Polícia. **Repertório Enciclopédico do Direito Brasileiro**/ J.M. de Carvalho Santos e José de Aguiar Dias – vol. XXXVIII, s/ed., Rio de Janeiro: Editor Borsoi, 1947.

CIRIBELI, João Paulo; PAIVA, Victor Hugo Pereira. Redes e mídias sociais na internet: realidades e perspectivas de um mundo conectado. **Mediação**, Belo Horizonte/MG, v.13, n.12, p. 58-74, jan./jun. 2011. Disponível em: http://www.fumec.br/revistas/mediacao/article/view/509/504.

DI PIETRO, Maria Sylvia Zanella. **Direito Administrativo**. 29ª ed. Rio de Janeiro: Forense, 2016.

HAROCHE, Claudine. A invisibilidade proibida. In: AUBERT, Nicole. HAROCHE, Claudine. (orgs.) **Tiranias da visibilidade**. São Paulo: Editora Fap/Unifesp, 2013, p. 85-110.

KOTLER, Philip; ARMSTRONG, Gary. **Princípios de marketing**. 9. ed. São Paulo: Pretince Hall, 2003.

KOTLER, Philip; KARTAJAYA, Hermawan; SETIAWAN, Iwan. **Marketing 4.0: do tradicional ao digital**. Rio de Janeiro: Sextante, 2017.

LAS CASAS, Alexandre Luzzi. **Marketing de serviços**. 5. ed. São Paulo: Atlas, 2007.

ZARZUELA, José Lopes. **Polícia - Enciclopédia Saraiva do Direito**. São Paulo: Saraiva, 1977.

8

O *MARKETING* DIGITAL NA ATIVIDADE POLICIAL E A DESVINCULAÇÃO DA CARREIRA COMO CONDIÇÃO DE ELEGIBILIDADE

Antônio Wellington Brito Júnior[1]

1. INTRODUÇÃO

A contemporaneidade é refém das redes digitais. Não há um só quadrante da atual sociedade tecnocêntrica que não se valha das mídias eletrônicas para diversos fins, entre os quais – e notadamente – os de *marketing* e de propaganda. É truísmo dizer que atualmente se vive a vida digital da publicidade ostensiva.

1. Mestre e Bacharel em Direito pela Universidade Federal de Sergipe (UFS). Especialista em Ciências Penais pela Universidade Anhanguera (UNIDERP). Delegado de Polícia Judiciária no Estado de Sergipe. Professor de Direito Penal na Faculdade de Direito 8 de Julho e Professor da Pós-Graduação em Direito Constitucional do Instituto de Estudos Jurídicos, na modalidade ensino à distância (IEJUR/EAD). Ex-assessor jurídico do Tribunal de Justiça do Estado de Sergipe. Ex-professor de Ciências Penais da Faculdade Sergipana (FASER). Autor de livros indicados pelo STF e pelo STJ, nas temáticas da Colaboração Premiada e do Juiz das Garantias.

Uma realidade imaginada se apossou da grande parcela da humanidade. Por meio dela, exsurgiu a facilidade de expor além-fronteiras aquilo que melhor convém, ainda que a experiência efetivamente vivenciada destoe da verdade e contrarie os fatos. Nesse ambiente virtual, quase tudo é passageiro, aparente e fluido, e os relacionamentos e as interações ostentam uma natureza volátil e líquida (BAUMAN; LEONCINI, 2018). Não sem razão, há quem apregoe que a grande revolução cognitiva da aventura humana consistiu na concepção de uma realidade imaginada paralela, objetivamente inexistente, mas plenamente apta a guiar o futuro do *sapiens* e a moldar organizações e instituições concretas, cujo poder transformador é tão notório, que é equivocado dizer que essa realidade expresse mera ficção (HARARI, 2020, p. 40-41). A internet é o maior exemplo dessa realidade imaginada que se tornou tão determinante para o futuro da espécie, e sem a qual não se vive mais.

Mostrar um mundo idealizado, edificando uma boa imagem perante o público, sequioso de notícias e informações. É o que faz o comerciante que quer vender sua mercadoria. É o que faz o *personal trainer*, para promover sua academia. É o que faz o solitário, que precisa da tela de um computador para ingressar num relacionamento afetivo.

É o que faz também o servidor público, para enaltecer a importância da função desempenhada, ainda que, via de regra, o seu salário não oscile em razão dessa publicidade. Essa publicidade digital pode vir aliada ao *marketing* eleitoral, naquelas hipóteses em que o cargo é usado como ferramenta para a captura do eleitorado. As redes digitais se tornaram a arena pública deliberativa mais prolífica na disseminação de ideias. Por isso, alavancar uma campanha a partir da inteligência artificial tornou-se um imperativo para quem quer postular um cargo ou uma função eletiva. O médico que trabalha na rede pública de saúde expõe sua cirurgia bem-sucedida no *stories* de sua conta informatizada. O professor que leciona na rede pública de ensino dá dicas em reuniões virtuais para alunos carentes. O policial que prende o pretenso criminoso o expõe no seu *instagram*, tencionando demonstrar o quão é dedicado e heroico. Mas, no final das contas, se as mídias digitais são a grande arena pública do debate deliberativo contemporâneo, o principal veículo de disseminação de ideias, é legítimo fazer propaganda do trabalho executado valendo-se das prerrogativas conferidas pela Administração? Há alguma diferença relevante que autorize um tratamento desigual entre o *marketing* digital realizado pelo médico, pelo professor e pelo policial, sempre que esses profissionais integrarem carreiras públicas?

Este artigo procura oferecer respostas plausíveis a essas indagações, usando como pano de fundo o Projeto de Lei Complementar 112/2021, que objetiva, entre outras coisas, o afastamento de policiais das atribuições desempenhadas acaso optem pela atividade político-partidária. Entre os artigos mais polêmicos, discute-se o que impõe a imediata exoneração da carreira quando se tratar de membro da Polícia Federal, das Polícias Civis ou das Guardas Municipais com pretensões eleitorais (art. 175, § 5º, IV).

Antes de ingressar nos argumentos subjacentes ao Projeto de Lei Complementar 112/2021, convém tratar algo acerca da reflexão ética circundante à temática.

2. LIMITES ÉTICOS AO *MARKETING* PATROCINADO POR SERVIDORES PÚBLICOS

O conceito de ética é polissêmico. O critério mais difundido, adotado neste ensaio, é aquele que vê na ética um empreendimento filosófico dedicado ao estudo dos princípios morais vigorantes em determinada sociedade. Desde Radbruch se entende que o Direito deve atentar para um mínimo ético, para um limiar que, uma vez transposto, desnatura a legitimidade da norma estatal positiva, tornando-a inaceitável e inválida (RADBRUCH, 2020, p. 61-70). De qualquer sorte, a reflexão em torno de mandamentos morais não é nada fácil, notadamente quando se migra da análise abstrata dos valores pretensamente universais (ou universalizáveis) para o mundo concreto dos conflitos existenciais. O transporte daquilo que repousa na razão pura (em forma de comandos abstratos moralizantes) para a razão prática (caracterizada pela conflituosidade no mundo da vida) não raras vezes é traumático.

O uso do *marketing* por servidores públicos que almejam candidaturas partidárias apresenta dois conteúdos moralizantes. Um é o de que, numa democracia, todos são livres e iguais para veicularem suas ideias e conquistarem seguidores e adeptos; nessa faceta, repousa o valor da liberdade, enquanto consectário da cidadania. O outro é o de que, ao se exercer uma função ou um cargo público, o agente o faz na condição de representante do Estado, visando ao bem comum, devendo realizar o ofício sem o desejo da promoção individual e resguardando os direitos humanos; nesse ponto, habita o valor da impessoalidade. Saber qual valor deve preponderar, se a liberdade ou a impessoalidade, é uma reflexão de cunho ético que repercute numa profunda análise jurídica acerca de qual princípio deva sobressair na casuística.

O jurista não pode olvidar que o confronto principiológico suscitado ganha novos ares na modernidade, porque o palco das discussões migrou de uma mídia seletiva, tradicional e exclusiva para uma mídia amplificada, moderna e inclusiva. A evolução da internet projetou um universo comunicacional desenhado em forma de redes, com superação dos limites geográficos e com profícua disseminação das mais diversas atividades humanas. O redesenho da arena pública discursiva e deliberativa modificou as relações de poder em nível planetário (CASTELLS; CARDOSO, 2005), pois possibilitou a democratização do acesso à informação, robustecendo a liberdade, notadamente a de expressão.

O reverso da liberdade de expressão é a falta de controle acerca do que é veiculado. Qualquer um que tenha acesso à internet tem voz ativa para emitir juízos valorativos e professar ideologias e credos, quaisquer que sejam eles, ficando sujeito a responder posteriormente pelo conteúdo eventualmente ofensivo. De certa maneira, quando o *marketing* eleitoral dependia do acesso à imprensa tradicional, os próprios formadores de opinião separavam o joio do trigo, providenciando uma censura que limitava a ação de oportunistas radicalizados. Com a explosão da mídia alternativa, o cenário modificou totalmente, rompendo-se com o controle prévio das manifestações e permitindo-se que personalidades inexpressivas no *establishment*, denominados *outsiders*, alcançassem notoriedade da noite para o dia, encontrando lugar cativo na polarização partidária e no radicalismo ideológico (LEVITSKY; ZIBLATT, 2018, p. 61-62).

Muitos desses *outsiders* usaram a força da grana para calibrar o *marketing* político, tomando a arena pública digital de assalto, sem atentar para qualquer limite ético quando o assunto era a captação do voto. O caso da *Cambridge Analytic* bem demonstrou como a inteligência artificial pode ser usada com finalidades politiqueiras, em prestígio a um *marketing* agressivo e em prol de candidaturas específicas. O equilíbrio das regras do jogo democrático foi atacado violentamente a partir do momento em que se viu a vantagem de mapear o perfil psicográfico do eleitorado e conduzir a publicidade das candidaturas conforme as predileções dos eleitores (MANHEIM; KAPLAN, 2018).

O exemplo da *Cambridge Analytic* introduz a dúvida se servidores públicos, postulantes a cargos eletivos, não gozam de protuberância no jogo democrático da captação do eleitorado, notadamente quando desempenham funções sociais importantes, como faz o médico, o professor e o policial.

Contudo, quando se defende que o uso propagandístico do cargo público desequilibra as regras do jogo por conta do calibre publicitário ostentado, por que razão o Congresso Nacional se preocupa apenas com determinados setores, a exemplo das forças policiais? O tratamento desigual entre o médico, o professor e o policial se justifica? Quais as reais motivações subjacentes ao Projeto de Lei Complementar 112/2021 e quais delas são plausíveis?

Antes, contudo, de debruçar-se sobre os ventilados questionamentos, uma rápida explanação acerca do Projeto de Lei Complementar 112/2021 será realizada.

3. O AFASTAMENTO DO CARGO IMPOSTO A POLICIAIS PELO PROJETO DE LEI COMPLEMENTAR 112/2021

Tramita no Congresso Nacional o Projeto de Lei Complementar 112/2021. Trata-se de uma proposta legislativa ampla, que modifica diversos tópicos do atual Código Eleitoral. O recorte deste artigo sugere uma limitação da abordagem, para os aspectos que se voltam para a atividade político-partidária dos integrantes das forças policiais como um todo.

Atualmente, o Texto está sob apreciação do Senado Federal. Em certos pontos, é uma reação muito clara a ação de autoridades ligadas ao Judiciário, ao Ministério Público e às carreiras policiais que tiveram participação ativa na Operação Lava-Jato. Como é sabido, alguns desses atores posteriormente ingressaram no jogo político partidário, fomentando críticas vorazes, principalmente as de que estivessem desempenhando suas prerrogativas em virtude de anseios eleitoreiros.

Em sua versão original, o Projeto determinava, no art. 192, que magistrados, promotores de justiça e policiais só pudessem postular mandatos eletivos após o transcurso de quatro anos da desvinculação dos cargos que exerciam. Impunha-se uma quarentena prolongada, que obrigava os integrantes de determinados cargos a se desvincularem das respectivas carreiras quatro anos antes do pleito eleitoral.

O Senado não concordou com as diretrizes mencionadas, rejeitando de pronto a normativa da quarentena imposta e emperrando a aprovação bicameral exigida para a edição da lei. Inobstante, o Senado ainda se debruçará acerca da viabilidade de outros dispositivos, entre os quais os estabelecidos no art. 175 da Proposta Legislativa. Em seu parágrafo 5º, os incisos I e II dispõem que, até o segundo dia de abril do ano das eleições, o militar, contando com menos de dez anos de serviço, deverá se afastar definitivamente da atividade exercida; acaso conte com mais de dez anos de serviço, deverá ser agregado pela autoridade superior e, uma vez eleito, passará automaticamente, no ato da diplomação, para a inatividade. No mesmo parágrafo, no inciso IV, levando em consideração o mesmo período anteriormente citado, impõe-se a exoneração da respectiva carreira aos membros da Polícia Federal, das Polícias Civis e das Guardas Municipais.

Como se nota, o policial que optar pela disputa eleitoral terá de fazer uma escolha sensível: abrir mão do cargo que desempenha, pleiteando sua imediata exoneração, acaso queira arriscar-se na disputa partidária. Se o Senado chancelar essas previsões normativas, poucos serão os policiais que estarão dispostos a pagar o preço das incertezas que permeiam o tumultuado e incerto jogo dos certames eleitorais.

Se assim estatuir, o Parlamento reconhecerá que determinadas categorias de servidores estariam em prevalência para com outros candidatos em razão da natureza das funções públicas exercidas, prejudicando a isonomia exigida pelo processo eleitoral. Não há dúvidas que há uma preocupação excessiva dos estamentos políticos prevalecentes com a atuação de alguns atores, antes inexpressivos quando o assunto era a captação de votos, mas que ganharam notoriedade com a disseminação das mídias alternativas e as novas estratégicas de *marketing* e publicidade. São os novos *outsiders* do jogo deliberativo, contra os quais o poder constituído investe.

Quais argumentos subjazem nessas discussões? Por que a preocupação apenas com determinados setores, a exemplo daqueles ligados à segurança pública?

4. OS ARGUMENTOS SUBJACENTES AO PROJETO DE LEI COMPLEMENTAR 112/2021

Os argumentos subjacentes ao Projeto de Lei Complementar 112/2021, declarados ou não por seus defensores, são os seguintes: a) o perigo da captura do Estado por grupos armados; b) a confusão entre o interesse público e o privado decorrente do uso do cargo público na captação de votos; c) a concorrência desigual entre os particulares e os servidores públicos; d) a repercussão midiática das ações policiais como método ilegítimo de persuasão; e) o uso da máquina estatal contra os adversários políticos.

O primeiro argumento expõe que a inserção de grupos armados na disputa partidária demanda severas restrições. O raciocínio é de que a democracia correria riscos, pois seria factível, ao menos em tese, a ação preordenada de policiais visando à dissuasão coerciva do eleitorado, em infringência ao art. 5º, XLIV, da CF/1988, que torna inafiançáveis e imprescritíveis condutas de igual jaez. Decerto, acatando este argumento, justificar-se-ia por que médicos e professores integrantes de carreiras públicas, ao contrário dos agentes vinculados à segurança pública, poderiam participar livremente do certame eleitoral, ainda que o impacto de suas ideias ecoe com intensidade análoga nas mídias digitais.

Inobstante, o argumento é fraco. No mundo contemporâneo, a adesão ao ideal da democracia tornou-se inegociável (SHAPIRO, 2006, p. 246). A inobservância às regras democráticas constitui um fator decisivo para crises diplomáticas e embargos comerciais difíceis de contornar no cenário internacional. Tanto assim o é que, desde o final da Guerra Fria, a maior parte dos golpes de Estado decorreu de artifícios sutis, quase imperceptíveis a curto prazo, confabulados por governos eleitos democraticamente, sem que houvesse a necessidade de tanques amedrontando os cidadãos nas ruas. O golpe de Estado clássico, tal como ocorreu no Chile de Pinochet, em que o palácio presidencial ardeu em chamas, torna-se gradativamente raro, pois se compreendeu que, quando a estratégia é burlar a democracia, o melhor caminho é se valer das próprias instituições democráticas, corrompendo-se as regras do jogo de forma endógena, dentro das próprias estruturas constitucionalmente constituídas (LEVITSKY; ZIBLATT, 2018, p. 14-19). Não bastasse, o argumento ainda padece de uma visão extremamente preconceituosa para com as instituições policiais, pois busca colocá-las à margem do certame eleitoral. De certo modo, revela como o corolário da inclusão corre o risco de paradoxalmente caminhar rumo à exclusão seletiva dos rivais. No fundo, sinaliza que o desejo de união para com alguns implica, muitas vezes, a intolerância para com outros. Sempre que determinados grupos são tratados como segmentos estranhos e avessos ao universo político, o Estado, por intermédio dos fatores reais de poder predominantes, priva de recursos os setores marginalizados, criando cidadãos de classes subalternas, totalmente alijados da cidadania participativa. A aversão a determinados categorias favorece sectarismos de toda ordem, a exemplo da confusão entre patriotismo e nacionalismo que hodiernamente se vê no seio de potências mundiais refratárias à imigração de apátridas e congêneres (SHAPIRO, 2006, p. 246).

O segundo argumento ataca a confusão entre os interesses público e privado provenientes do uso do cargo público na captação de votos. Servidores públicos têm seus atos comandados pela presunção de legitimidade, pois são representantes do Estado perseguindo, em tese, o bem comum. Esta posição, por si só, os colocaria num nível de credibilidade superior aos administrados.

O argumento é falho porque abraça o romantismo de uma credibilidade que não se comprova no mundo empírico, mormente quando o servidor público se vale das redes digitais para emitir suas opiniões, mostrando que ali há um rosto e não uma entidade fictícia agindo em nome do contrato social iluminista. Decerto, quando fala em nome próprio, o emissor da mensagem quebra a imparcialidade da manifestação. De pronto, percebe-se que o candidato não age ali como *longa manus* da Administração Pública. O jogo democrático não pode partir da presunção da ingenuidade apática do eleitor. Por isso que se defende o pluralismo de ideias, ainda que a arena pública também seja constituída por setores que usufruam de certo prestígio. Acaso se acate a tese da confusão entre o público e privado, será necessário pressupor que a vedação aplicável ao policial deverá se estender ao médico e ao professor, e a qualquer outro profissional que mantenha vínculos estatutários. O que caracteriza a ausência de eleições efetivamente democráticas é a supremacia de tendências ideológicas desconhecedoras da pluralidade contraditória de interesses, valores e expectativas, fazendo com que o Estado se identifique exclusivamente com os segmentos ideologicamente semelhantes (NEVES, 2012, p. 105). A desconfiança em relação aos servidores públicos expõe o medo dirigido às minorias que, chegando ao poder, possam se revelar tiranas. Mas não há nada que afaste a possibilidade de autocratas surgirem do seio de movimentos sociais populares e majoritários. A democracia pode levar à tirania de uma minoria estrategicamente empoderada, mas igualmente pode contribuir para o oposto, que é a tirania de uma maioria irracional e opressora (SHAPIRO, 2006, p. 270).

O terceiro argumento se apoia na concorrência supostamente desigual entre os particulares e os policiais. Igualmente é romântico. Ignora que, no jogo político, o dinheiro goza de uma força incontrastável. O *marketing* trabalhado nas mídias digitais poderá ser infrutífero quando confrontado com os interesses de agrupamentos econômicos poderosos patrocinados por campanhas milionárias. A bem da verdade, as mídias digitais constituem importante ferramenta para alçar *outsiders* a uma posição de destaque no processo eleitoral, fazendo até um contraponto à influência deletéria do cifrão. A História já testemunha uma escalada contra a desigualdade na disputa do poder político aparelhada pelo avanço da tecnologia digital. Acaso não se acolham essas ressalvas, é inevitável aceitar que o endosso da tese implica comparar o policial ao médico e ao professor vinculados a um regime estatutário, com o consequente compartilhamento das inelegibilidades para todos os cargos públicos, inclusive para os detentores de mandatos eletivos que, postulando a reeleição, possam se valer da máquina administrativa numa cruzada publicitária. No fundo, a isonomia do processo eleitoral não parte de uma base concreta de igualdade econômica, pois isto é empiricamente impossível. Parte do postulado de uma igualdade formal, pautada no respeito recíproco e simétrico às diferenças (NEVES, 2012, p. 157) e condicionada por uma esfera pública pluralista lastreada em procedimentos legislativos abertos à diversidade de valores, expectativas, anseios, interesses e discursos (NEVES, 2012, p. 154). Por isso, todo o arcabouço do Direito Eleitoral se consolida no princípio formal do tratamento igual, que se bifurca em duas frentes: uma de consideração às diferenças fáticas e outra de universalização dos direitos subjetivos (HABERMAS, 2018, p, 346). A Constituição e as leis são as fontes que corporificam a igualdade possível nas disputas partidárias.

O quarto argumento assevera que a repercussão midiática das ações policiais é um método ilegítimo de persuasão. Parte do pressuposto que a disputa eleitoral é transformada num espetáculo de degradação aos direitos humanos que impressiona positivamente uma nação imersa na violência sem precedentes. O policial, segundo essa concepção, plantaria a imagem de um herói lutando contra os vilões desordeiros e os ladrões do erário, levando o eleitorado a posições maniqueístas em que o bem duela contra o mal. Por isso, o uso do *marketing* digital alavancaria as candidaturas policiais, persuadindo o eleitor que anseia por uma sociedade pacífica.

O argumento é insubsistente. Parte do pressuposto de que o convencimento do eleitorado não pode se lastrear no debate aberto, mas apenas num diálogo de cavalheiros. Ignora que, nas sociedades hipercomplexas, apenas os princípios de uma moral do dissenso, na qual os procedimentos discursivos dão a tônica da abertura dialógica, permitem a inclusão de toda e qualquer pauta no debate público, independentemente dos interesses, expectativas e valores professados por dados setores comunitários (NEVES, 2012, p. 130). Nenhuma verdade é alcançada se determinados padrões arraigados não forem postos em dúvida, ainda que o método para semear a divergência se concentre em narrativas maniqueístas. A democracia carrega consigo a esperança de que a verdade prevalecerá no ambiente tumultuado das querelas políticas, desde que se alberguem os direitos humanos e as tradições culturais heterogêneas (SHAPIRO, 2006, p. 247). No âmbito do jogo democrático, é imprescindível reconhecer que os setores plurais enfrentam profundos conflitos de interesses, coexistindo grande diversidade de valores aparentemente inconciliáveis na esfera da arena pública deliberativa (SHAPIRO, 2006, p. 227), mas que não podem ser censurados acaso as salvaguardas constitucionais sejam observadas à risca. Decerto, nada justifica que a polícia promova operações simuladas ou exponha suspicazes à execração pública, e os órgãos de controle devem atuar energicamente para obstar os espetáculos de degradação à dignidade humana explorados pelos signatários do que usualmente se denomina *necropolítica*. Apesar dessa ressalva, não se pode ignorar que a esfera pública é o campo de tensão entre o mundo da vida e os sistemas externos ligados à economia, à política e ao Direito, atuando a Constituição como medida de acoplamento estrutural entre os dois sistemas (NEVES, 2012, p. 131). Por isso, o mundo da vida necessariamente se abre a toda sorte de discussões, sem a admissão ou rejeição imediata de tabus, pois segmentos diversos promovem um engajamento incessante em prol do modelo societário que reputam adequado e justo. Se um grupo defende que a nação é refém de criminosos e saqueadores dos cofres públicos, compete aos adversários convencer o eleitorado do contrário. A democracia exige que o engajamento individual (e setorial) observe um imperativo categórico: o de respeitar as diferenças, independentemente dos objetivos, gostos e apegos individuais (RAZ, 2004, p. 157-158). Por isso, quando o assunto é a arte de persuadir, o *marketing* digital do policial é tão legítimo quanto o do médico e o do professor, não sendo certo que o impacto publicitário da campanha de um policial que levante a bandeira da segurança seja maior do que o do médico, que clama por uma rede pública de saúde mais estruturada, na qual os aportes orçamentários vertidos pelo governo sejam mais gordos. E, quando o assunto é a persuasão, o que dizer de um professor, cuja arte do ofício consiste exatamente em convencer os alunos, talvez incutindo em suas mentes um paradigma societário destoante da atual conjuntura capitalista?

O quinto argumento apregoa que os policiais integram aquele grupo seleto de servidores propensos a se valer das prerrogativas do cargo para investir contra os adversários políticos. É o argumento mais forte. Uma vez acatado, toma o policial como um servidor público diferente do médico e do professor e o aproxima ontologicamente dos integrantes da Magistratura e do Ministério Público.

Se há uma coisa de que a democracia não pode prescindir é do resguardo da esfera pública deliberativa. O respeito às regras do jogo não se coaduna com práticas orientadas à eliminação da ampla arena discursiva. O consenso acerca de procedimentos é requisito inafastável para o fomento do dissenso conteudístico (NEVES, 2012, p. 136) e fala contra as estratégias voltadas ao descarte providencial e tendencioso de candidaturas específicas. O uso do cargo público para a perseguição de adversários políticos, nomeadamente quando aparelhado pela utilização massiva das redes informatizadas, decerto revela-se pernicioso, pois fulmina o procedimento eleitoral na raiz. Por sinal, uma das estratégias mais eficazes para a subversão sutil e cadenciada da democracia é a captura e a desmoralização de setores públicos e privados estratégicos, a exemplo de juízes, promotores, autoridades fazendárias, congressistas, empresários e policiais. Autocratas que atuam no seio de nações formalmente democráticas não abrem mão de cooptar, ou atemorizar, os agentes responsáveis pelo funcionamento escorreito das instituições democráticas que não estejam sintonizadas com determinados planos de poder. A tática de perseguir e chantagear adversários políticos, valendo-se das facilidades que o cargo confere, atende ao mote do controle ideológico autocrático, na exata medida em que facilita o descarte ou a inação dos segmentos dissidentes (LEVITSKY; ZIBLATT, 2018, p. 81-84).

Assim sendo, a dúvida seguinte é se os integrantes das forças policiais usufruem de prerrogativas suficientes para embaraçar o processo eleitoral, a justificar um plexo de impedimentos semelhante ao imposto ao Ministério Público e à Magistratura. É preciso um tópico à parte para enfrentar o assunto.

5. A LEITURA MORAL DA CONSTITUIÇÃO: UMA SOLUÇÃO DEMOCRÁTICA NA LINHA *DWORKIANA*

De todos os argumentos levantados para obstar as candidaturas de integrantes das forças policiais, o mais forte é, sem dúvida, o do risco de o cargo público ser utilizado como mecanismo de perseguições políticas aos adversários.

O argumento é de fácil percepção quando se pensa, por exemplo, na figura de um juiz que sentencia ideologicamente, conjecturando acerca da possibilidade de, no futuro, postular um mandato eletivo numa conjuntura nacional em que seus principais adversários já se encontrem execrados pela opinião pública em virtude de condenações criminais proferidas pelo mesmo magistrado.

O argumento também é de fácil percepção quando se pensa, por exemplo, na carreira ministerial. Há um plexo de prerrogativas estendidas aos promotores de justiça. Eles podem acusar criminalmente, mover ações de improbidade, propor acordos de redução de penas e de não processar e até mesmo de imunidade. É uma gama de poderes que, se usada politicamente, desequilibra o pleito eleitoral, notadamente se os membros da instituição igualmente estiveram interessados numa futura carreira político-partidária. Ciente desse estado de coisas, a Constituição Federal explicitamente vedou ao integrante do *Parquet* o exercício da atividade político-partidária (art. 128, § 5º, II, "e", com redação dada pela Emenda Constitucional 45/2004), ainda que remanesça alguma discussão acerca dessa possibilidade ao que tiver ingressado na instituição antes da promulgação da Carta Cidadã.

De certa forma, em relação às forças policiais, há o risco de que seus integrantes também se valham do cargo para a perseguição de rivais. A situação fica mais clarividente quando se pensa na polícia investigativa (via de regra, civil e federal). Inquéritos policiais realmente podem ser conduzidos com desvio de finalidade ou de maneira seletiva. Se a investigação se escora na publicidade agressiva, maximizada pelo reforço das mídias sociais, a situação fica ainda mais sensível, podendo repercutir em oscilações impressionantes na opinião do eleitorado, notadamente quando em cena supostos crimes perpetrados por gradas autoridades do Poder Executivo. Isso conduz à seguinte indagação: as regras eleitorais aplicáveis ao Judiciário e ao Ministério Público também deverão ser replicadas às Polícias, tal como tenciona, *mutatis mutandi*, fazer o Projeto de Lei Complementar 112/2021?

Decerto, os impedimentos dedicados pelo constituinte aos juízes e promotores são contrabalanceados pelas garantias atribuídas à Magistratura e ao Ministério Público, entre as quais convém mencionar a inamovibilidade e a independência funcional e orçamentária. Esta foi a simples razão pela qual o constituinte não conferiu o mesmo tratamento às polícias investigativas quando versou acerca das inelegibilidades e das restrições à atividade político-partidária. No que toca às restrições impostas às polícias militares, o fundamento constitucional subjacente consiste na estrutura hierarquizada que peculiariza o organograma militar.

Nesse diapasão, convém trazer à baila o grande legado de Dworkin: a leitura moral da Constituição. O jusfilósofo americano preconizava que se entendesse a interpretação jurídica constitucional como um romance em cadeia, conciliando a essência dos mandamentos magnos com os novos padrões societários impostos pela mutação constitucional. O intérprete, contudo, não realizaria a adjudicação interpretativa de um marco zero, pois, a exemplo dos roteiristas teatrais que interpretam a literatura antiga, jamais ignorariam a historicidade subjacente aos romances e ao direito posto (DWORKIN, 1999, p. 63).

Por sinal, quando se trata de observar o espírito constitucional, convém atentar para a essência dos princípios sobre os quais se edificou o Estado, bem como atinar para a historicidade ínsita à evolução do Direito. Nessa linha, desde tempos imemoriais se argui que o tratamento isonômico pressupõe que as categorias comparadas sejam essencialmente semelhantes, nisso residindo o conceito de justiça formal, trabalhado por Perelman como um dos grandes problemas da filosofia ética (PERELMAN, 2005, p. 32-33).

A igualdade que se quer conferir às Polícias tomando como parâmetro a Magistratura e o Ministério Público não pode ser unidirecional, abarcando os impedimentos e rechaçando as garantias. Recentemente, o STF negou inclusive a garantia da independência funcional atribuída ao delegado de polícia pela Lei 12.830/2013, preservando apenas o que denominou de independência técnica, sinalizando que a vinculação das polícias ao Executivo é imperiosa e inafastável (STF, ADI 5579, Relatora: CÁRMEN LÚCIA, Tribunal Pleno, julgado em 21/06/2021).

Se a polícia é de Governo e não de Estado, como assentou o STF, é difícil supor que integrantes das forças de segurança usufruam do poderio de influenciar decisivamente o curso do processo eleitoral, ainda que por intermédio do *marketing* digital, o que esvazia toda a argumentação subjacente ao Projeto de Lei Complementar 112/2021 na parte que toca às restrições que se pretendem implementar contra as forças de segurança pública em matéria de impedimentos e inelegibilidades.

6. CONSIDERAÇÕES FINAIS

A explosão das mídias digitais remodelou as interações humanas. No campo da política, aparelhou campanhas de *outsiders* que não conseguiriam o mesmo êxito acaso se valessem meramente da imprensa tradicional. Estratégias de *marketing* desafiaram os limites éticos dos certames eleitorais, mas ao mesmo tempo democratizaram as disputas partidárias.

Os servidores públicos ingressaram no jogo publicitário eleitoral. O Congresso Nacional brasileiro, ao ter a dimensão do poderio do *marketing* veiculado pelas redes sociais, envidou esforços para restringir a disputa partidária e, nesse diapasão, investiu contra determinados segmentos do serviço público, notadamente as carreiras policiais. Tramita no Senado Federal o Projeto de Lei Complementar 112/2021, o qual estabelece a obrigatoriedade de o policial se desvincular da instituição que integra acaso manifeste o desejo de postular um mandato eletivo.

Este artigo cuidou de analisar os argumentos subjacentes às tratativas congressuais, para demonstrar que o risco do desequilíbrio das eleições só tem amparo argumentativo plausível se a tese for no sentido de que as carreiras policiais sejam passíveis de influenciar decisivamente o resultado das eleições em virtude de eventuais perseguições sustentadas pelas prerrogativas conferidas aos seus servidores. Demonstrou-se que os outros argumentos nada mais representavam do que o temor dos caciques políticos na perda de suas bancadas, medo que se robusteceu a partir do momento em que a inteligência digital calibrou nomes anteriormente inexpressivos nas disputas pelo sufrágio, os surpreendentes *outsiders*, filhos do *marketing* das mídias informatizadas alternativas.

Articulou-se que o amplo debate deliberativo anseia pela ampliação do diálogo entre todas as esferas da sociedade organizada, fomentado pelo dissenso e pela consideração recíproca entre os candidatos. As redes digitais apenas comprometeriam a lisura do processo eleitoral quando inviabilizassem a igualdade formal, contrariando procedimentos constitucionais e legais com o fito de exclusão das minorias.

Concluiu-se que os impedimentos dirigidos à Magistratura e ao Ministério Público não guardam qualquer relação com a natureza das carreiras policiais, cujas prerrogativas não abrangem inamovibilidade e nem independência funcional ou orçamentário-financeira. Nessa condição, policiais que se valham de suas atribuições para perseguirem adversários políticos encontrarão óbices não visualizados por juízes e promotores de justiça, conforme se infere da decisão do STF que se posicionou pela vinculação das carreiras policiais ao Executivo, sinalizando que, no Brasil, tem-se uma polícia de governo, e não de Estado.

As redes informatizadas hoje são o palco da ampla arena onde se desenvolve o salutar debate democrático. As estratégias de *marketing* que resguardem os direitos humanos e a lisura dos certames eleitorais são admissíveis, pois a verdade que a democracia persegue só é atingível pelo dissenso fomentado pelo pluralismo de ideias.

7. REFERÊNCIAS BIBLIOGRÁFICAS

BAUMAN, Zygmunt & LEONCINI, Thomas. **Nascidos em tempos líquidos: transformações no terceiro milênio**. Tradução: Joana Angélica D´Avila Melo. Rio de Janeiro: Zahar, 2018.

CASTELLS, Manuel; CARDOSO, Gustavo. **A sociedade em rede: do conhecimento à acção política**. Lisboa: Imprensa Nacional, 2005.

DWORKIN, Ronald. **O império do direito**. Tradução: Jefferson Luiz Camargo. São Paulo: Martins Fontes, 1999.

HABERMAS, Jurgen. **A inclusão do outro: estudos de teoria política**. Tradução: Denilson Luís Werle. São Paulo: Editora Unesp, 2018.

HARARI, Yuval Noah. ***Sapiens*: uma breve história da humanidade**. Tradução: Janaína Marcoantonio. 51. ed. Porto Alegre: L&PM, 2020.

LEVITSKY, Steve & ZIBLATT, Daniel. **Como as democracias morrem**. Tradução: Renato Aguiar. Rio de Janeiro: Zahar, 2018.

MANHEIM, K. M.; KAPLAN, L. **Artificial intelligence: risks to privacy and democracy**. Yale: The Yale Journal of law & Technology, 2018.

NEVES, Marcelo. **Entre Têmis e Leviatã: uma relação difícil.** 3. ed. São Paulo: Editora Martins Fontes, 2012.

PERELMAN, Chaïm. **Ética e direito**. Tradução: Maria Ermantina de Almeida Prado Galvão. 2. ed. São Paulo: Editora Martins Fontes, 2005.

RADBRUCH, Gustav. **Filosofia do Direito**. Tradução: Marlene Holzhausen. 2. ed. São Paulo: Editora Martins Fontes, 2020.

RAZ, Joseph. **Valor, respeito e apego**. Tradução: Vadim Nikitin. São Paulo: Editora Martins Fontes, 2004.

SHAPIRO, Ian. **Os fundamentos morais da política.** Tradução: Fernando Santos. São Paulo: Editora Martins Fontes, 2006.

9

MÍDIA, REPRESENTAÇÃO DA CRIMINALIDADE E MARKETING POLICIAL: O CONTROLE DO CRIME, A POLÍTICA CRIMINAL BASEADA EM EVIDÊNCIAS E O MEDO DO CRIME NO CONTEXTO DOS MEIOS DE COMUNICAÇÃO SOCIAL

Waldek Fachinelli Cavalcante[1]

1. Graduado em Direito pela Universidade Federal de Goiás; Mestre em Ciências Policiais - na Especialização Criminologia e Investigação Criminal pelo Instituto Superior de Ciências Policiais e Segurança Interna/Lisboa/Portugal, reconhecido pela Universidade de Brasília - UnB como Mestrado em Direito; Especialista em Direito Constitucional pela UFG; Especialista em Direito Ambiental e Urbanístico pela Universidade Anhanguera Uniderp; Experiência no ensino de Direito e Criminologia. Professor, tutor e conteudista do programa de pós-graduação em Segurança Pública do Instituto Federal de Brasília; professor, tutor e conteudista da Escola Superior de Polícia Civil do Distrito Federal; professor da pós-graduação do IEJUR. Experiência profissional na área jurídica, segurança de Estado, segurança interna, investigação criminal, gestão e controle interno. Foi conselheiro do Conselho Distrital de Segurança Pública e Coordenador do Sistema Prisional do Distrito Federal. Atualmente na Coordenação de Repressão às Drogas da PCDF. Delegado de Polícia - Polícia Civil do Distrito Federal; foi servidor da Justiça Federal e militar de carreira do Exército. Autor do livro Criminologia e Crime

1. INTRODUÇÃO

Aristóteles nos ensina que a função do bom ser humano, seu bem maior, é uma atividade de acordo com a virtude, durante toda sua existência, seguindo um princípio racional. A atividade virtuosa é o agir, o agir bem. O animal político do mestre grego não vive isolado, saindo do seu isolamento pela comunicação. Nesse contexto, o professor de Alexandre arremata, os ganhadores dos jogos olímpicos não são os mais belos e os mais fortes, mas o que competem. Da mesma forma, o mais nobre e bom da vida são conquistados pelos que agem retamente (ARISTÓTELES).

Inicia-se este capítulo trazendo sentenças tão consolidados por três razões: primeiro porque deve-se sempre parar para refletir os rumos de nossas ações, buscando uma visão holística de todos os nossos atos, fugindo de sermos autômatos acéfalos; segundo, pois o mundo está cada vez mais polarizado e conflituoso, mais que nunca nossos debates devem estar fundados em evidências sólidas, em conhecimento bem produzido; terceiro, a distância temporal que evita a impaciência ideológica.

Platão, em seus Diálogos sobre a República, já alertava sobre o desvirtuamento da verdade sobre os homens e seus efeitos nefastos, ao tratar da justiça e do justo. Avisava que narradores desvirtuavam de forma contundente a verdade, levando a atitudes que deveriam ser repudiadas (PLATÃO).

Se, em passado tão remoto, já havia preocupação elaborada com a desinformação, o que pensar em um mundo no qual as pessoas circulam tanto em sua volta, em que Gutemberg já nos deu seu método revolucionário de impressão, em que o rádio e a televisão se consolidaram, em que a internet transformou a ficção científica em realidade? Mundo no qual as redes sociais são parte do cotidiano do cidadão e em que estamos elaborando o metaverso.

O drama contemporâneo das massas populares ganha um tempero ardiloso que é a comunicação de massa. No século XIX, grandes literatos passaram a prever a aparição do homem de massa e de uma cultura de massa. Esse fenômeno social, a existência das massas, consequência de

---

Organizado: Política criminal baseada em evidências para o efetivo controle do crime. Autor de material didático para pós-graduação na área de Criminologia, utilizando a metodologia ativa Aprendizagem Baseada em Problemas. Autor de artigos científicos jurídicos e criminológicos.

um caldo cultural complexo, passa a permitir a instalação de movimentos totalitários. Estes movimentos buscam organizar as massas, com suas máquinas de propaganda, em ações antidemocráticas e ditatoriais, trazendo grave perigo para a sociedade moderna. Em sua imposição de pensamento, seja por meio da persuasão, da autoridade, do terror ou da violência, líderes autoritários e sedentos de poder levam sociedades ao fascismo, nazismo, bolchevismo e outros regimes totalitários, com o apoio das massas. (ARENDT). Nada mais marcante e atual, fazendo de Origens do totalitarismo uma leitura obrigatória para os tempos em que vivemos.

Nesse cenário, os órgãos do sistema de justiça criminal e, especialmente, os órgãos policiais, notadamente a polícia investigativa, em suas ações em geral e na comunicação social, devem se atentar a uma série de princípios. Entre eles a busca do interesse público, a boa-fé, o princípio democrático, a proporcionalidade, a lealdade, a imparcialidade, a justiça, a concordância prática, a legalidade, a liberdade (VALENTE, 2012).

Desse modo, os órgãos do Estado devem agir com superioridade ética. A sociedade de risco ou dos tempos líquidos trazidas por Beck e Baumann não pode destruir os alicerces civilizatórios construídos ao custo de grandes lutas pelos nossos ancestrais, devendo suas intervenções serem regidas pelos direitos humanos e condutas éticas em todas as suas ações (VALENTE, 2013).

À vista disso, ao tratar de sua pragmática universal e a da base de validade do discurso, Habermas pontua condições de validade para os atos de comunicação. Assim, devem ser sinalizadas pretensões de validade universal, as quais possam ser defendidas. Logo, o ato de interlocução deve ser compreensível, verdadeiro, sincero e preciso, permitindo o compartilhamento de informações confiáveis (HABERMAS, 2002).

Certo é que, se reunirmos um grupo de criminólogos, dificilmente encontrarão consenso sobre a maioria dos temas referentes ao crime e ao sistema de justiça criminal. Irão ponderar sobre o conceito de crime e suas causas, o quanto afeta a sociedade, as melhores respostas ao problema criminal, os melhores métodos de pesquisa. Contudo, irão concordar sobre dois fatos: a mídia distorce a verdade sobre o crime e o sistema de justiça criminal, e esse fato é relevante pois traz sérios prejuízos à sociedade (GREER; MACLUGHLIN, 2017).

Assim, neste breve capítulo abordam-se alguns temas a serem levados em consideração pelos atores do sistema de justiça criminal em suas ações, especialmente ao lidar com a mídia. São temáticas essenciais e muitas vezes ignoradas, contudo, centrais no fim de um melhor atendimento de suas relevantes funções no Estado Democrático.

2. MÍDIA E POLÍCIA: A REPRESENTAÇÃO DO CRIME NA MÍDIA DE MASSA

O crime e seu controle social estão presentes no imaginário popular. O desvio criminal sendo parte do cotidiano da humanidade e, nas suas manifestações mais graves, ou quando envolvendo pessoas de interesse, atraindo muita atenção, acabam fazendo parte da ficção desde priscas eras. A literatura está absolutamente envolvida com fatos considerados crimes, de Stendhal a Machado de Assis, de Camões a Homero, de Shakespeare a Aghata Crhistie.

A modernidade veio ampliar essa presença do comportamento humano reprovável, da polícia estruturada modernamente e da justiça criminal na comunicação e no entretenimento. A expansão do rádio, cinema, jornal, televisão, internet, redes sociais, literatura fez com que o desvio e seu controle participassem do cotidiano da sociedade, passando a chamar também atenção da criminologia em virtude das suas consequências sociais.

A abordagem da mídia de massa sobre o crime e o sistema de justiça criminal desperta, então, acalorados debates. A mídia como uma força social poderosa passa a ser objeto de estudos em virtude da forma como representa a criminalidade, seu conteúdo e seus efeitos sobre a sociedade e o controle do crime (BIRKBEK, 2014).

A aproximação da ficção e dos meios de comunicação social sobre o crime e a violência é um tema de relevância. Tanto a ficção quanto a mídia de massa influenciam o entendimento do público sobre a temática. Além de trabalhos acadêmicos indicarem a possibilidade de incentivar comportamentos delitivos, pondo a questão se a mídia é criminógena (ROLIM, 2006).

Assim, a forma como os meios de comunicação social dramatizam o crime tem sido motivo constante de inquietação. Duas preocupações distintas têm sido principais objetos de uma enormidade de literatura científica. Parte das pesquisas miram na visão da mídia como um instrumento subversivo. Em contrapartida, outra parte da literatura se dedica a abordar os meios de comunicação com uma forma de controle social. Aqueles que veem a mídia como subversiva enxergam as próprias representações midiáticas do crime como uma causa significativa de ofensa, como uma ameaça perturbadora à lei, ordem e moralidade (GREER; MACLUGHLIN, 2017).

A corrente que defende a abordagem do crime trazida pelos meios de comunicação como um controle social entende que a mídia cultiva medos exagerados sobre a criminalidade, fomentando o autoritarismo como resposta à criminalidade.

A análise do conteúdo da representação da criminalidade pela mídia indica uma distorção quantitativa e qualitativa, haja vista que são selecionados para receberem cobertura crimes que ocorrem em menor frequência, havendo uma distorção entre a quantidade de notícias expostas e a proporcionalidade real das ocorrências. Também são escolhidos crimes que chamam maior atenção, vendem melhor a matéria. Logo, entre os mesmos tipos de crimes são escolhidos para noticiar aqueles que apresentam características excepcionais, não o que é mais corriqueiro, deturpando novamente a realidade fática (SILVEIRA, 2010).

O perfil das vítimas e dos ofensores apresentados pelos meios de comunicação social em geral também foge à realidade, apresentando tanto a idade como a posição social dos envolvidos bem distintas da maioria daqueles que se mostram ao sistema de justiça criminal. Da mesma forma, os riscos de vitimização expostos são distorcidos, tanto no tipo de crime mais provável de ser vítima, quanto na sua gravidade, fugindo à normalidade estatística.

Há um exagero na ameaça apresentada, uma abordagem superficial da questão criminal, deixando de abordar os problemas estruturais que levam à criminalidade ou os meios de a evitar. O que se busca é a especulação, não um entendimento do cenário criminal, intentando atrair audiência. Deixa-se de dar um caráter pedagógico aos fatos, o que poderia verdadeiramente informar e educar a sociedade.

Explora-se o sofrimento da vítima, construindo-se histórias tendentes a comover a opinião pública, assim como apresenta-se uma imagem da polícia e do sistema de justiça criminal que muitas vezes não condizem com a realidade, pois a grau de sucesso dessas esferas de controle do crime são deturpadas.

Como consequência dessa representação da criminalidade pela mídia, as pesquisas têm focado em duas principais consequências: o fomento ao comportamento criminal e o medo do crime. Para que o crime ocorra, algumas condições existem, tais quais a motivação, os meios, a oportunidade, a previsão penal e a falta de controles sociais. Em todos os fatores a mídia tem sua influência (REINER, 2007).

Isto posto, os meios de comunicação social têm colaborado tanto para a determinação do que será crime, quanto para o que deixará de ser crime. Influenciando a percepção social do que deve ser considerado uma ofensa grave ao ponto de ser penalizado. Da mesma forma, a representação da criminalidade oferecida por esses meios seria um meio de aprendizado social, podendo encorajar o cometimento de crimes, motivando o desvio. No mesmo sentido, oferece técnicas e métodos para que sejam cometidos crimes, difundindo a expertise criminal, assim como cria oportunidades para o delito ao estimular comportamentos como o consumismo.

Ainda, pode colaborar para o fomento do crime ao deteriorar tanto os controles internos como externos ao cometimento do crime. Corrompendo os controles internos da pessoa ao apresentar imagens glamorosas dos criminosos e da criminalidade, corrompendo os controles externos ao enfraquecer a imagem das instituições de enfrentamento da criminalidade, como a polícia.

A mídia não é mais uma simples observadora da realidade criminal. Ela passou a influenciar as políticas criminais, a seleção do que será reprimido ao exercer pressão sobre o âmbito político e o sistema de justiça criminal, sem, contudo, o compromisso com uma atuação baseada em dados técnicos, mas sim atendendo aos seus próprios interesses.

Claro que a visão da mídia como criminógena deve ser ponderada. Muitos autores apontam que o público em geral não é um receptor passivo das mensagens midiáticas, mas sim interage com as publicações de diversas formas, dando diferentes significados e intepretações para o conteúdo observado, não necessariamente criando uma reação social negativa, sendo difícil demonstrar os efeitos das ações midiáticas (BIRKBECK, 2014).

Por conseguinte, quais seriam as causas da forma com que a mídia representa a criminalidade? Uma série de fatores faz com que os profissionais e as instituições exibam a criminalidade no modo como ocorre. Três circunstâncias são vistas como cruciais para a produção de notícias como as temos: a ideologia política, a busca por notícias que promovam altos índices de audiência e fatores estruturais da produção jornalística (REINER, 2007).

Redes de televisão, jornais, revistas, portais de notícias são empresas que buscam, em regra, o lucro e são dirigidas por pessoas, pessoas que tem seus próprios interesses. Essas pessoas não estão alheias à ideologia e à procura por ganhos financeiros.

Além desses fatores, questões estruturais afetam a agenda midiática. Os órgãos de comunicação social vivem de produzir notícias. Desta arte, eles têm que preencher sua pauta, tem limitação de recursos humanos e materiais. Assim, a porta de delegacias ou tribunais é uma fonte perene de notícias, não podendo ser desprezada essa mina.

Há uma demanda empresarial por notícias. A internet está disponível vinte e quatro horas por dia, foram criados canais de notícias que funcionam todos os dias da semana, também nas vinte e quatro horas do dia. Isso exige notícias.

E a noticiabilidade passa pelo drama, desordem, violência, sofrimento, sexualidade, características pessoais dos envolvidos nos crimes, como as celebridades. Assim, não importa o que é mais relevante ou o que é a realidade. O que importa é que a audiência esteja interessada na forma como o crime é representado. Dessa forma, o imediatismo, a dramatização, a excitação, a novidade são elementos de uma boa história, uma história que vende. Essa mesma conjuntura pode ser observada na ficção, com uma explosão de séries e filmes tratando de temas criminais (KLEIN, 2017).

Nesse contexto, as instituições policiais têm um relevante papel. Além de serem os órgãos mais procurados nas coberturas criminais dadas pela imprensa, ao lado dos tribunais, eles controlam a informação sobre os fatos objeto da pauta dos meios de comunicação social, o que lhes dá grande poder. Assim, no contexto moderno, apesar das críticas da imprensa sobre as polícias, em verdade há uma aproximação um tanto perigosa entre polícia e imprensa. Um passou a depender do outro, criando um ambiente de cooperação. Uma boa cobertura da mídia interessa à polícia, difundindo uma visão positiva do trabalho policial, muitas vezes promovendo policiais celebridades. Por outro lado, a mídia precisa de entrada aos dados que estão nas mãos do sistema de justiça criminal, inclusive tendo acesso muitas vezes a conteúdos sigilosos, sendo a fonte protegida pela liberdade de imprensa (WOOD, 2016).

Esse relacionamento entre polícia e outras instâncias do sistema de justiça criminal com órgãos de comunicação social deve receber especial atenção das pesquisas e das autoridades policiais. A má representação da criminalidade pela imprensa pode gerar efeitos nefastos, assim como pode trazer oportunidades para o tratamento adequado do problema social que as polícias enfrentam. Cabe, então, aproveitar essa oportunidade para que o fluxo das informações leve ao esclarecimento pedagógico da sociedade.

Portanto, a polícia deve ser a primeira instância social a utilizar adequadamente os dados em sua posse e o poder da mídia para promover o adequado controle do crime e evitar efeitos adversos como o sentimento de insegurança, o medo do crime, políticas criminais inadequadas e fomento a mais delitos. Aspectos sobre os quais passa-se a tratar.

3. MEDO DO CRIME, MÍDIA E POLÍCIA

Uma das consequências da representação inadequada da criminalidade pela mídia é o medo do crime desproporcional à realidade. Medo do crime é um estado de ansiedade e angústia, reflexo do receio de alguém ser vítima, mudando seu comportamento e buscando meios de defesa, prejudicando sua qualidade de vida (LOURENÇO; LISBOA, 1996).

Por outro lado, o sentimento de insegurança é fenômeno geralmente tratado nos discursos midiáticos ou políticos como sinônimo de medo do crime. Porém, sentimento de insegurança é fenômeno mais amplo, apesar de o sentimento de insegurança poder se instalar também como consequência do medo do crime. O sentimento de insegurança é um complexo de reações humanas derivadas da percepção da realidade cercante, gerando inquietude, agitação, desassossego, ânsias, tendo como fonte o crime ou outros fenômenos. É uma representação do meio que nos cerca, podendo ter como componente o medo do crime ou fatores como desemprego, desordem social, recessão econômica, epidemias, alterações climáticas entre outras condições. Aqui, trataremos do medo do crime e suas repercussões.

O superdimensionamento, a superexposição e o sensacionalismo promovidos pelos meios de comunicação social, utilizando a criminalidade, mormente quanto aos crimes violentos, induzem à superestimação do verdadeiro risco real experimentado pelas pessoas de serem vítimas de crime (ROLIM, 2006).

Além dos impactos da representação midiática da criminalidade sobre a própria exegese do crime, estudos recentes têm focado no medo do crime e seus resultados. E essa preocupação não é somente sobre o sofrimento causado pela excessiva ansiedade, os danos às relações sociais que esse desassossego promove, nem apenas com as ações de prevenção adotadas em consequência do exagero na percepção do crime. A promoção do medo do crime é uma ameaça à própria democracia (REINER, 2007).

As pessoas, quando estão com medo, são mais suscetíveis a serem manipuladas. Para se sentirem protegidas e livrarem-se da aflição provocada pelo receio de serem alvo de criminosos, podem vir a aceitar soluções simplistas e autoritárias, emanadas de vozes políticas que se utilizam da apreensão popular para dirigir essa angústia no sentido de estabelecer políticas públicas repressivas e limitar a liberdade.

Esse mesmo receio de ser vítima pode levar a que as pessoas tomem medidas drásticas para se protegerem. Desde ações desnecessárias para a proteção pessoal e patrimonial, inclusive isolando-se, até investindo em recursos e tecnologias como segurança privada, equipamentos de monitoramento, dispositivos de defesa residencial em um comportamento desequilibrado (WOOD, 2016).

Além disso, o medo do crime como reação psicológica, produzindo ansiedade e angustia, tem a capacidade natural de afetar a saúde física e mental das pessoas. Esse estresse deve ser evitado ao máximo como ação de saúde pública.

Dois pontos de vista sobre o medo do crime devem ser levados em consideração, um securitarista e um construtivista. O primeiro diz respeito a um nexo entre o crime e o medo do crime, o segundo é fruto de uma obra produzida pelo discurso midiático e político. O primeiro pode ser levado em consideração para ações práticas de prevenção, o segundo, o construtivista, deve ser evitado, pois não é obra de uma conduta ponderada, mas sim drama.

Desse contexto extrai-se a obrigação de se fazer com que a percepção dos riscos esteja compatível com os riscos reais a que a sociedade está sujeita. Dessa maneira, evita-se a construção de um ambiente de desequilíbrio social, decorrência de uma interpretação errônea do que está acontecendo de fato.

Portanto, cabe, principalmente às forças policiais, principais provedoras de pauta criminal para os órgãos de imprensa, ponderar sobre como se comunicar adequadamente com a sociedade, exigindo dos meios de comunicação social uma divulgação equilibrada das notícias repassadas. Com isso, promove-se qualidade de vida para o corpo social, evitando pânico desnecessário e seu impacto dispensável.

4. CONTROLE DO CRIME, DADOS COLETADOS PELAS INSTITUIÇÕES POLICIAIS, SELETIVIDADE CRIMINAL E CIFRAS OCULTAS DA CRIMINALIDADE

Neste ponto, faz-se necessário olhar para dentro das instituições do sistema de justiça criminal, principalmente as polícias. No caso brasileiro, especialmente a polícia investigativa, pois recebe maior fluxo de notícias criminais e nas suas investigações tem uma visão mais ampla da realidade criminal. Esse olhar para dentro deve apontar para o conhecimento que as instituições responsáveis pelo controle do crime têm sobre a realidade criminal e qual a profundidade desse conhecimento.

As polícias são o grande banco de dados da mídia ao tratar de temas ligados ao crime, então, deve-se perquirir até que ponto a polícia conhece a criminalidade real, deve-se questionar como seleciona os fatos sobre os quais age e como escolhe o que divulga. Deve-se inquirir qual é a qualidade da informação prestada e obtida e qual o preparo dessas instituições para lidar com questionamentos sobre a real criminalidade, não somente o que as estatísticas apontam.

Nessas poucas linhas não se pretende responder em pormenores a essas grandes dúvidas, mas trazer ao debate alguns temas que são essenciais para que, mormente as forças policiais, possam atender adequadamente a mídia e promover qualidade de vida para a população. Seja evitando as consequências nefastas da inadequada representação da criminalidade, seja promovendo um controle mais efetivo do crime.

Posto isso, tocamos nos temas controle do crime, seletividade criminal, cifras ocultas da criminalidade e estatísticas policiais. Assuntos cruciais para todos os operadores do sistema de justiça criminal, mais ainda para aqueles que irão divulgar publicamente informações sobre criminosos, vítimas, o crime e seu controle social.

De partida, a terminologia adequada para tratar das ações designadas para reduzir, reprimir e prevenir o crime é controle do crime. É absolutamente inadequada e atécnica a utilização de expressões como guerra ao crime e combate ao crime.

Controle do crime é uma espécie de controle social, podendo ser levado a efeito tanto por instâncias formais como informais. Entre as instâncias formais estão os órgãos do sistema de justiça criminal, como as polícias e o sistema penitenciário. As instâncias informais de controle do crime são a família, a religião, a comunidade, a escola, as empresas e outros.

Por controle do crime temos o conjunto de estratégias e medidas adotadas para se evitar que o crime aconteça, reduzir sua incidência e reprimir as ações criminais. Passando desde a escola, a família e a igreja quando orienta seus filiados, até a polícia quando prende criminosos ou evita que o crime venha a sair da cogitação.

No campo policial, pelo mundo vêm sendo utilizadas diferentes estratégias para o controle do crime, como os modelos padrões de polícia com o patrulhamento de rua e a investigação após a ocorrência do crime, a estratégia do controle do crime comunitário, o CompStat, o controle do crime baseado em problemas, o intelligence-led policing e outros (RATCLIFFE, 2018).

As estratégias de controle do crime necessitam de dados sobre a criminalidade confiáveis, seja para a formulação de políticas públicas, seja para a distribuição de recursos humanos e materiais nas polícias. Razão pela qual a qualidade das estatísticas criminais, geralmente formuladas pelas polícias, deve ser priorizada. Permitindo um trabalho policial de sucesso a partir de um conhecimento qualitativo e quantitativo da criminalidade confiável (SHERMAN, 2011).

Desse modo, procurando controlar adequadamente um fenômeno tão arraigado na sociedade como o crime, há que se atentar para as cifras ocultas da criminalidade, criminalidade oculta ou cifras negras.

Cifra oculta, ou criminalidade oculta, ou cifra negra é fenômeno caracterizado pelas condutas criminosas que não chegam ao conhecimento da polícia ou de outros órgãos de controle, ou, se chegam ao conhecimento dessas instituições, não entram nas estatísticas oficiais por não serem registradas (ANDRADE; DIAS, 1992).

A criminalidade oculta é fenômeno preocupante, pois impede que se conheçam a quantidade e a qualidade do problema criminal, indicando que as medidas e estatísticas da criminalidade não são confiáveis. Grande parte da criminalidade passa despercebida pelos órgãos de controle, isso acontecendo por diferentes fatores, como o processo de seleção da criminalidade promovido pelas forças policiais, a falta de estrutura para os registros, vítimas que preferem não reportar os crimes ou são impedidas de o fazer, a não visibilidade dos crimes, como no caso de crimes de corrupção e colarinho branco, a discricionariedade dos órgãos do sistema de justiça criminal (NEWBURN, 2018).

Em razão disso, procurando conhecer a criminalidade real, são usadas técnicas de pesquisa, tais como os inquéritos de autodenúncia e os inquéritos de vitimização, com o objetivo de tornar conhecido o real volume da criminalidade e sua distinção das estatísticas oficiais.

Ainda nessa conjuntura, é imperioso se atentar para a seletividade criminal ou seleção criminal. Entendido como o processo discricionário promovido pelos operadores do sistema de justiça criminal ao escolherem os fatos sobre os quais vão atuar. Discricionariedade real que explica as cifras ocultas da criminalidade em relação aos crimes de colarinho branco e a predominância das classes menos abastadas entre a clientela dos órgãos de controle (ANDRADE; DIAS, 1992).

Logo, apesar da existência de leis, há margem discricionária, poder de definição do que será perseguido, investigado, denunciado, julgado e punido. Esse processo de seleção sobre onde agir pode obedecer a diferentes mecanismos, como o poder dos possíveis alvos de atuação do processo, com status econômico e político, limitando de diferentes formas a capacidade e vontade do sistema de justiça criminal de contra eles abrir processos formais, ou se estes são instalados, não tenham um fim adequado com a consequente punição.

Outro mecanismo de seleção da criminalidade é o estereótipo, pelo qual certos sinais exteriores pertencentes a um delinquente, tais como o vestuário, cor da pele, origem, local em que se encontra e outros estigmas que retroalimentam esse processo de seleção criminal são levados em consideração para o atuar dos órgãos de controle. As estatísticas vão mostrar que os portadores de tais características são maioria entre os escolhidos pelo sistema de justiça criminal.

Essas observações são essenciais para a tomada de consciência dos agentes do sistema de justiça criminal em relação ao seu objeto de trabalho e a forma como irão lidar com a mídia. É primordial que observem as limitações estatísticas, a necessidade de reduzir as cifras ocultas e a problemática da seleção criminal.

5. POLÍTICA CRIMINAL BASEADA EM EVIDÊNCIAS E A PRESSÃO DOS MEIOS DE COMUNICAÇÃO SOCIAL SOBRE A AGENDA PÚBLICA

Há uma grande distância entre o que os pesquisadores defendem e o que o meio político, pressionado pela agenda dos meios de comunicação social, defende para o controle do crime. A mídia tem estabelecido a pauta de discussão e, sendo ela pertinente ou não, tem se tornado a agenda política. Pressionando a opinião pública, criando o que tem se denominado “moral panics”, o meio político tem decidido sem o amparo acadêmico, criando políticas criminais inócuas (KLEIM, 2017).

As políticas criminais devem ser lógicas e baseadas nas melhores conclusões de pesquisas acadêmicas. Os tomadores de decisão devem se amparar em resultados de trabalhos científicos consolidados, perquirindo o que realmente funciona e o que que não é viável. Não pode a agenda política, especialmente a criminal, estar baseada em pressões midiáticas que distorcem a realidade dos fatos (FARRINGTON; WELSH, 2011).

Os valores da mídia têm se tornado a bússola social, fazendo com que o medo do crime pressione as instâncias políticas a agirem irracionalmente. Essa pressão midiática guia a opinião pública, gerando movimentos sociais que exigem do meio político ação. A resposta, muitas vezes, vem com medidas não amparadas na ciência e com frequência essa pressão é canalizada para atender interesses autoritários ou econômicos de alguns grupos de poder.

Por essa razão, fugindo da pauta e das opiniões encabeçadas por conhecimento superficial trazido pela imprensa, defende-se que as políticas criminais sejam baseadas em evidências.

A demanda por políticas públicas baseadas em evidências surge com um movimento acadêmico da medicina, expandido para outras áreas, sendo que a exigência de políticas criminais baseadas em evidências é um esforço para aumentar a influência da ciência sobre as decisões políticas no âmbito criminal. Com isso, busca-se alimentar as decisões políticas com conhecimento racional e validado (CAVALCANTE, 2020).

Esse tema é trazido para incitar os operadores do sistema de justiça criminal a guiarem seus trabalhos por evidências, alertando para o risco de uma cobertura jornalística mal conduzida vir a provocar a construção de opinião pública e políticas criminais não fundamentadas.

Ao lidar com a mídia, o policial e os demais agentes do sistema de justiça criminal devem buscar levar opiniões consolidadas por pesquisas científicas. O policial deve estudar os resultados das pesquisas científicas e se atentar ao conhecimento criminológico.

O ideal é que os policiais sejam treinados para desenvolverem pesquisas, trabalhando em cooperação com instituições acadêmicas, diminuindo a distância entre as políticas e estratégias de controle do crime empregadas e as soluções apresentadas pela academia para o melhor controle do crime. Fornecendo, também, aos meios de comunicação social informações de melhor qualidade e liderando a ciência nesse campo (SHERMAN, 2011).

6. PROMOÇÃO DO SERVIÇO POLICIAL (MARKETING POLICIAL)

O começo deste século XXI foi marcado por grandes desafios para as instituições policiais, com fortes cobranças por efetividade e pelo uso de estratégias eficazes no controle do crime. O movimento do controle do crime baseado em evidências ganhou corpo e cobra ações que realmente funcionem para a prevenção e repressão da criminalidade, trazendo cobrança de qualidade no serviço prestado (WORRALL, 2014).

As novas estratégias de governança da máquina administrativa dos Estados vêm exigindo dos órgãos públicos prestação de contas à sociedade. Com isso, têm sido seguidos pelas instituições públicas parâmetros de gestão adotados pela iniciativa privada. As polícias não têm escapado dessa nova perspectiva.

Assim, nesse cenário de exigência por prestação de serviço de qualidade e imposição para justificar o uso adequado de seus recursos, as forças policiais passam a adotar estratégias de marketing para melhor divulgar o seu trabalho, deixando de simplesmente ser uma força, para passar a ser um serviço, com todas as suas implicâncias.

O marketing é conceituado de diferentes formas pelos especialistas, porém, certo é que todas as definições dão ao cliente um espaço em destaque. Poderia se definir que fazer marketing é agir para agradar o cliente. Contudo, por traz dessa simples definição há questões complexas, além de ser importante entender que marketing não é propaganda ou publicidade (AYROSA; BARROS; SAUERBRONN, 2015).

No âmbito do serviço público, o marketing também busca a satisfação do cliente, mesmo não havendo um ambiente de competição, mesmo havendo um monopólio da prestação do serviço. No setor público, o marketing tem um papel mais amplo a exercer, tendo que atender os interesses de usuários que muitas vezes são até conflitantes. Na administração pública, o marketing tem o papel de engajar-se no alcance dos objetivos da instituição (PROCTOR, 2009).

A promoção dos serviços policiais por meio da mídia não é algo novo. Apesar de não realizada de forma profissional ou planejada, ações de marketing policial e, em consequência, a relação com os órgãos de imprensa em busca de divulgar o serviço policial é uma constante em sua história.

Questão relevante nessas ações é se o interesse buscado é o interesse primário das instituições, ou seja, atender o interesse público, ou o interesse público secundário, atendendo somente aos interesses dos órgãos públicos. Ou em um desvio de finalidade ainda maior, se esse interesse é pessoalizado.

As polícias têm largo acesso aos órgãos de comunicação social, o que lhes permite, com um baixíssimo custo, se aproximar dos usuários do serviço público e realizar um bom marketing institucional, na busca de suas finalidades constitucionais.

A relação entre polícia e órgãos de imprensa, apesar de, muitas vezes, parecer ser conflituosa, na verdade é bastante cooperativa, há um interesse mútuo em jogo. Os órgãos de imprensa precisam das informações em posse da polícia para desenvolverem seu trabalho, já as polícias, por diversas razões, querem ter a boa vontade da mídia do seu lado. Razão pela qual deve ser levantado um sinal de alerta quanto à imparcialidade e à clareza da informação.

Boa parte da atenção dada pela mídia à polícia envolve a cobertura de casos específicos, deixando de abordar temas mais amplos, como estratégias de controle do crime implementadas e a busca da consciência, cooperação e participação do público. Por um lado, porque os órgãos de imprensa não mostram interesse, por outro, não são provocados a isso pelas instituições policiais. As polícias deveriam implementar ações de marketing para ampliar a participação popular nas suas estratégias de trabalho e dar maior compreensão sobre a questão criminal (CHERMARK; WEISS, 2002).

Certo é que o cenário moderno exige a implementação pelos serviços policiais de amplas estratégias de marketing, permitindo executar adequadamente sua missão institucional frente as atuais demandas de gestão. Além de educar a população, aproximar-se da comunidade, engajar os cidadãos e conscientizá-los de seu papel social no controle do crime, prestando contas das suas ações, desmistificando sua missão e dando impessoalidade à comunicação social.

Neste ponto, é relevante destacar a importância do marketing interno nas instituições policiais, o qual deve ser antecedente ao próprio marketing externo, uma vez que que o corpo policial é o principal e primeiro divulgador da qualidade do serviço e das estratégias de controle do crime adotadas pelas polícias. Assim, investir na satisfação, preparo e retenção dos policiais é também uma estratégia de marketing necessária, o que influenciará positivamente no marketing externo. Uma eficaz comunicação interna é essencial para melhorar a qualidade do serviço e promover um melhor controle do crime e a imagem da instituição policial (MAWBY; WORTHINGON, 2002).

Concluindo, faz-se premente o aprimoramento do setor de relações públicas e marketing do serviço policial em um contexto a exigir eficiência das corporações, uma melhor imagem perante os usuários do serviço público e se aumenta a necessidade de transparência e esclarecimento sobre o uso dos recursos públicos. Existe visível insatisfação com a segurança pública e as polícias, ao mesmo tempo temos a superexposição das polícias na mídia em conjunto com uma crescente demanda de seu serviço. Nesse cenário complexo, indispensável saber comunicar-se adequadamente.

7. CONSIDERAÇÕES FINAIS

O liame entre mídia, controle do crime e polícia, além dos demais atores do sistema de justiça criminal, deve receber acurada atenção. Esse relacionamento pode trazer bons frutos, ampliando a qualidade de vida da população, conscientizando adequadamente a sociedade e fortalecendo o trabalho e imagem das instituições.

Para isso, todos os atores devem estar conscientes das consequências da representação adequada ou inadequada do fenômeno criminal e da necessidade de se comportar de acordo com o que o conhecimento científico e a boa razão determinam.

O fortalecimento da democracia passa por um bom trabalho dos órgãos de imprensa, que devem ser supridos com informação adequada. Para que, especialmente as polícias, prestem conhecimento adequado, devem estar preparadas para ter este conhecimento e produzi-lo.

Assim, para consolidar os objetivos das instituições do sistema de justiça criminal, elas devem promover marketing adequado, prestando contas da qualidade de seu serviço, cientes da implicância do medo do crime, das cifras ocultas da criminalidade, dos processos de seleção criminal e da premência das políticas públicas serem, sempre, baseadas em evidências.

É possível vender uma boa história e promover as instituições, fugindo do autoritarismo e fortalecendo a democracia.

8. REFERÊNCIAS BIBLIOGRÁFICAS

ARENDT, Hannah. **Origens do totalitarismo**: antissemitismo, imperialismo, totalitarismo. São Paulo: Companhia de Bolso, 2017.

AYROSA, Eduardo André Teixeira; BARROS, Denise Franca; SAUERBRONN, Fernanda Filgueiras. **Marketing**. Rio de Janeiro: Editora FGV, 2015.

ARISTOTELES. **Ética a Nicômaco**. Tradução de Pietro Nassetti. São Paulo: Editora Martin Claret, 2001. (p. 17-39).

BARATTA, Alessandro. **Criminologia crítica e crítica do direito penal introdução à sociologia do direito penal**. 3. ed. Rio de Janeiro: Revan, 2002.

BIRKBECK, Christopher. **Mídia representations of crime and criminal justice**. Oxford: Oxford University Press, 2014.

BOWLING, Benjamim; REINER, Robert; SHEPTYCKI, James. **The politics of the police**. 5 ed. Oxford: Oxford University Press, 2019.

BRUINSMA, Gerben J. N.; JOHNSON, Shane D. **The Oxford handbook of environmental criminology**. New York: Oxford University Press, 2018.

CAVALCANTE, Waldek Fachinelli. **Crime organizado e criminologia**: política criminal baseada em evidências para o efetivo controle do crime. Curitiba: Juruá, 2020.

CHERMAK, Steve; WEISS, Alexander. **Identifying strategies to market police in the News**. U.S. Departament of Justice, 2002. Disponível em: < https://www.ojp.gov/pdffiles1/nij/grants/194130.pdf>. Acesso em: 15 mar. 2022.

COSTA, Arthur Trindade M.; LIMA, Renato Sérgio. **Estatísticas oficiais, violência e crime no Brasil**. BIB- Revista Brasileira de informação bibliográfica em ciências sociais. n. 84. 2017.

FARRINGTON, David P.; WELSH, Brandon C. **Evidence-based crime policy**. In: TONRY, Michael. The Oxford handbook of crime e criminal justice. New York: Oxford University Press, 2011.

GREER, Chris; MACLAUGHLIN, Eugene. **News power, crime and media justice**. In LIEBLING, Alison; MARUNA, Shadd; MCARA, Lesley. The Oxford handbook of criminology. 6 ed. Oxford: Oxford University Press, 2017.

HABERMAS, Jurgen. **Racionalidade e comunicação**. Lisboa: Edições 70, 2002. (p. 8-16)

KLEIN, Jennifer L. **The media response to sex crimes**. In SANDERS, Teela. The Oxford handbook of sex offences and sex offenders. Oxford: Oxford university press, 2017.

LOURENÇO, Nelson; LISBOA, Manuel. **Violência, criminalidade e sentimento de insegurança**. Revista Textos. Lisboa: Centro de Estudos Judiciários. Edição 2, 1996.

LUDLOW, Amy. **Marketizing criminal justice**. In LIEBLING, Alison; MARUNA, Shadd; MCARA, Lesley.The Oxford handbook of criminology. 6 ed. Oxford: Oxford University Press, 2017.

MAWBY, Rob C.; WORTHINGTON, Steve. **Marketing the police**: from a force to a service. Journal of marketing management. n. 18. 2002.

MOLINA, Antônio Garcia-Pablos. **Tratado de criminologia**. 3 ed. Valência: Tirant lo Blanch, 2003.

NEWBURN, Tim. **Criminology**: a very short introduction. Oxford: Oxford university press, 2018.

PAOLI, Letizia (Org.). **The Oxford handbook of organized crime.** Nova York: Oxford University Press, 2014.

PLATÃO. **Diálogos III**: A República. Rio de Janeiro: Ediouro, 1999.

PROCTOR, Tony. **Public sector marketing**. Londres: FT/Prentice Hall, 2009.

REINER, Robert. **Media made criminality**: the representation of crime in the mass media. In MAGUIRE, Mike. The Oxford handbook of criminology. 4. ed. Oxford: Oxford University Press, 2007.

RATCLIFFE, Jerry H. **Intelligence-led Policing**. 2. ed. Nova York: Routledge, 2016.

ROLIM, Marcos. **A síndrome da rainha vermelha**: policiamento e segurança pública no século XXI. Rio de Janeiro: Jorge Zahar Editor, 2006.

SHERMAN, Lawrence W. **Police and crime control**. In: TONRY, Michael. The Oxford handbook of crime e criminal justice. New York: Oxford University Press, 2011.

ROCHA, Yuri Santana de Brito. **Mediação e polícia**: práticas de Justiça Restaurativa no âmbito da Segurança Pública e sua repercussão jurídico-criminal e social. Curitiba: Juruá, 2018.

SILVEIRA, Augusto Martins. **A grande mídia e a produção legislativa em matéria penal**. Revista Senatus, Brasília, volume 8, n. 2, p. 30-36, 2010.

SUTHERLAND, Edwin H. **Crime de colarinho branco**: versão sem cortes. Rio de Janeiro: Instituto Carioca de Criminologia: Revan, 2015.

VALENTE, Manuel Monteiro Guedes. **Do ministério público e da polícia**: prevenção criminal e acção penal como execução de uma política criminal do ser humano. Lisboa: Universidade Católica Editora, 2013.

VALENTE, Manuel Monteiro Guedes. **Teoria geral do direito policial**. 3. ed. Coimbra: Almedina, 2012.

WORRALL, John L. **The politics of policing**. In KANE, Robert J.; REISIG, Michel D. The Oxford handbook of police and policing. New York: Oxford University Press, 2014.

WOOD, John Carter. **Crime News and the press**. In KNEPPER, Paul; JOHANSEN, Anja. The Oxford handbook of the history of crime and criminal justice. New York: Oxford university press, 2016.

10

A REDAÇÃO OFICIAL NO ÂMBITO DA POLÍCIA CIVIL

Carina Santanieli[1]

Higor Vinicius Nogueira Jorge[2]

A Polícia Civil do Estado de São Paulo, instituição de Estado, vinculada a Secretaria de Segurança Pública do Estado de São Paulo, produz documentos na realização de seus trabalhos, respeitando as normas

1. Delegada de Polícia do Estado de São Paulo e Professora Concursada da Academia de Polícia do Estado de São Paulo "Dr. Coriolano Nogueira Cobra" – ACADEPOL/SP. Pós Graduada em Direito Penal e Processo Penal. Mestranda em Direitos Humanos Fundamentais.
2. Delegado de Polícia, mestrando em Educação pela Universidade Estadual do Mato Grosso do Sul – UEMS, professor concursado da Academia de Polícia na Polícia Civil do Estado de São Paulo, titular da cadeira 30 da Academia de Ciências, Artes e Letras dos Delegados de Polícia do Estado de São Paulo e membro do Conselho de Ética da Associação dos Delegados de Polícia do Estado de São Paulo. Presidente do capítulo Brasil da RedCiber e membro da Associação Internacional de Informática Forense (ASIIF), da Associação Internacional de Investigação de Crimes de Alta Tecnologia (Htcia) e da Associação Internacional da Polícia (Ipa – Brasil), além de professor de inteligência cibernética do Ministério da Justiça e Segurança Pública. Apresentou aulas em Academias de Polícia e nas seguintes instituições de ensino: MeuCurso, WB Educacional, Escola Brasileira de Direito (Ebradi), Complexo de Ensino Renato Saraiva (Cers), Damásio Educacional, Escola Superior de Advocacia da OAB-SP (ESA-OAB/SP), Associação dos Diplomados da Escola Superior de Guerra - Campinas e Verbo Jurídico. Em 2017, 2018, 2019, 2020, 2021 e 2022 foi escolhido na categoria "Jurídica" entre os melhores Delegados do Brasil pelo Portal Nacional dos Delegados & Revista da Defesa Social.

da redação oficial, de forma que, no âmbito da administração pública, utiliza a denominada correspondência oficial e, nestes termos, em razão de promover as atividades de polícia judiciária e a apuração de crimes com incumbência de buscar, de forma incessante, informações sobre fatos criminosos, formaliza-os em documentos elaborados de acordo com técnicas nelas estabelecidas.

A observância dessas normas é fundamental para o exercício das atribuições do Delegado de Polícia e dos integrantes das demais carreiras da Instituição Polícia Civil, permitindo uma melhor compreensão dos acontecimentos e uma adequada documentação dos fatos de interesse da atividade investigativa.

Por ser a Polícia Civil integrante dos quadros da Secretaria de Segurança Pública, pertencente ao Poder Executivo, portanto, da Administração Pública, todo o trabalho produzido, diariamente, no exercício da função, deve obedecer aos parâmetros estabelecidos pela redação oficial na elaboração de suas comunicações e correspondências oficiais, denominadas redação oficial policial. Isso se dá porque o objetivo é alcançar o melhor resultado, celeridade e eficiência no serviço público.

Um documento composto por informações formalizadas de forma clara, respeitando leis, normas e técnicas da redação oficial possui uma maior capacidade de entendimento e permite que as pessoas compreendam o seu teor e, deste modo, pode-se afirmar que esta necessidade de clareza e compreensão deve direcionar a atuação de todos os policiais civis.

Importante conceituar a administração pública como sendo o conjunto de normas, leis e funções desempenhadas para organizar a administração do Estado em todas as suas instâncias e tem como principal objetivo o interesse público, seguindo os princípios constitucionais da legalidade, da impessoalidade, da moralidade, da publicidade e da eficiência. Para a gestão dessa administração faz-se necessário o uso da comunicação que acontece por meio de correspondências oficiais, realizadas de acordo com as normas de redação oficial.

A Polícia Civil tem como seu principal instrumento de trabalho o inquérito policial na apuração da materialidade do crime e de sua autoria, buscando a verdade sobre os fatos, conforme preceitua o artigo 4º do Código de Processo Penal. A direção dos trabalhos fica a cargo da Autoridade Policial - Delegado de Polícia, presidente do inquérito policial, que conduz a prática dos atos investigativos preliminares, os quais se materializam no inquérito policial, a fim de fornecer elementos de informação para que o titular da ação penal possa ingressar em juízo.

As normas da redação oficial são aplicáveis a inúmeras práticas dos atos da Polícia Civil. Exemplo são os documentos produzidos na seara administrativa para garantir a funcionalidade da instituição como um todo, como correspondência oficial entre os Departamentos da Polícia Civil. Atenta-se para a importância de cada documento produzido ser bem escrito, para que se possa atingir sua completa compreensão, de forma que a boa escrita é imprescindível não somente nas comunicações e nas correspondências oficiais, como também em cada peça de polícia judiciária elaborada, para alcançar o melhor conteúdo e a melhor estética nos respectivos documentos, afinal é neles que se exteriorizam e se formalizam não só toda a prática de polícia judiciária como também de gestão da instituição Policial Civil.

O brasão oficial da Policia Civil de São Paulo consta em todo documento produzido pela instituição, sendo que foi padronizado e cumpre os conceitos de modernidade e uniformidade estabelecidos na Resolução nº 01/2017 do Conselho Nacional de Chefes de Polícia Civil (CONCPC), que representou um grande avanço para a identidade institucional das Polícias Civis do país.

Com a finalidade de padronizar a utilização do brasão oficial da Polícia Civil, a Assistência Policial de Comunicação Social elaborou o manual de aplicação de identidade visual da Policia Civil do Estado de São Paulo, regulamentado pela Portaria DGP nº 92, de 21 de outubro de 2019.

Tendo em vista, como afirmado antes, que o inquérito policial é a principal ferramenta de trabalho da Polícia Civil, polícia esta com atribuição constitucional para investigar crimes e sua autoria, é necessário conceituar referido procedimento: O inquérito policial é procedimento administrativo de investigação criminal presidido pela Autoridade Policial, que conduz as práticas de atos de polícia judiciária, consistente em um conjunto de diligências realizadas e documentadas, voltado à colheita preliminar de provas para a apuração das circunstâncias e da materialidade das infrações penais, revelando a verdade dos fatos e de sua autoria, inclusive colheita de provas urgentes, que podem desaparecer após o cometimento do crime, bem como a composição das indispensáveis provas pré-constituídas, quando se formaliza toda a investigação criminal realizada, e as informações obtidas dessas investigações poderão subsidiar uma futura ação penal.

Ainda, no bojo da ideia de conceituar o inquérito policial, William Garcez, Joaquim Leitão Júnior e Higor Vinicius Nogueira Jorge (2023) apresentam uma (re)visão moderna do inquérito policial

> Depois de muita reflexão teórica e prática, passou-se a entender que o inquérito policial é um instrumento democrático de persecução penal, que ultrapassa sobremaneira esta visão restritiva e limitativa da doutrina tradicional, a qual merece reparos urgentes. É urgente a necessidade de se romperem paradigmas descontextualizados da realidade, com grave esquecimento dos fundamentos constitucionais.
>
> O inquérito policial não se presta apenas a esta visão criada às avessas pela doutrina tradicional ao longo dos anos, entendimento anacrônico que se distancia da Constituição Federal. Conforme se mostrará, quando analisado sob uma ótica constitucional, o inquérito policial emerge como um procedimento administrativo, apuratório, autônomo, inquisitivo-garantista, indispensável, informativo e probatório.

A instituição Policial Civil, órgão da segurança pública, além de redigir seus documentos respeitando as normas da redação oficial, sejam eles oriundos de gestão de unidades policiais, por meio da prática de atos administrativos e mensagens, também utiliza as técnicas da escrita para registrar ocorrências, como *notitia criminis*, para, assim, desenvolver as investigações de forma clara, compilando todas as informações relevantes para o caso concreto.

Se ausentes a clareza e a eficiência na escrita elaborada, o trabalho investigativo ficará aquém daquilo para que se propôs, podendo comprometer, futuramente, toda a investigação realizada; e mais: a busca da verdade sobre os fatos ficará comprometida, o que poderá ser usado, oportunamente, em favor da defesa do investigado, considerando que a falta de clareza ou sequência lógica nos referidos documentos poderá afetar o resultado almejado durante a investigação.

O Estado-investigador, exercício dos órgãos de polícia judiciária, tem a incumbência de apurar os fatos dos quais toma ciência, e, sendo o caso, tudo o que foi apurado, bem como os elementos informativos colhidos, será formalizado incluindo-os como peças no Inquérito Policial. Posteriormente, esse trabalho é submetido ao Judiciário, que decide, após ser provocado pelo Ministério Público (fiscal da lei e autor da ação penal pública) ou pela parte (ofendido na ação penal privada).

Como uma das características do inquérito policial é,também, o fato de ser um procedimento escrito, é importante que cada texto elaborado prime pela coerência de seu conteúdo, para que o procedimento seja eficiente e apto a obter o melhor resultado do trabalho investigativo preliminar. Conforme artigo 9º do CPP, "Todas as peças do inquérito policial serão, num só processado, reduzidas a escrito ou datilografadas e, neste caso, rubricadas pela autoridade".

Nucci (2016) expõe sobre inquérito policial. No conceito histórico dessa ferramenta de trabalho, está o de ser instrumento escrito:

> A denominação Inquérito Policial, no Brasil, surgiu com a edição da Lei 2.033, de 20 de setembro de 1871, regulamentada pelo Decreto 4.824, de 22 de novembro de 1871, encontrando-se no art. 42 do citado decreto a seguinte definição: "O inquérito policial consiste em todas as diligências necessárias para o descobrimento dos fatos criminosos, de suas circunstâncias e de seus autores e cúmplices, devendo ser reduzido a instrumento escrito. (NUCCI, 2016, p. 47).

Após a instauração do inquérito policial, com início das investigações, vários atos de polícia judiciária são praticados e juntados aos respectivos autos, formalizando-se as provas produzidas, que, futuramente, servirão para a formação da *opinio delicti*, possibilitando uma futura ação penal. Especialmente as provas cautelares, antecipadas e não repetíveis, deverão ser produzidas na fase do inquérito policial, pois, caso não o sejam, não poderão ser realizadas posteriormente por serem não transeuntes e voláteis. As características dessas provas, somente possíveis durante a fase pré-processual, valorizam o inquérito policial como a principal ferramenta de investigação criminal.

Embora os artigos 6º e 7º do Código de Processo Penal tragam um roteiro a ser realizado, a ordem dos trabalhos investigativos depende da discricionariedade da Autoridade Policial, diferentemente da fase judicial, que traz um roteiro preestabelecido. A discricionariedade não é absoluta, pois algumas diligências devem ser providenciadas oportunamente, como o exame de corpo de delito, que deixa vestígios detectáveis quando se examina a vítima, ou mesmo quando se solicita um exame pericial em local de crime, logo que a ocorrência é registrada, pois referida providência deve ser requisitada de pronto.

As deliberações da Autoridade Policial deverão guardar uma coerência com os fatos, de forma a ser contínua e com o uso do bom senso, para que haja uma sequência compreensível, como: a apresentação da ocorrência, as informações imprescindíveis inseridas no boletim de ocorrência, a oitiva dos agentes do estado que apresentaram a ocorrência e relataram como foram acionados, as informações trazidas pela vítima e pelas testemunhas, de forma que suas respectivas oitivas sejam dirigidas de maneira a se obterem somente as informações indispensáveis e, posteriormente, o interrogatório do investigado, para que sejam feitas as perguntas pertinentes a ele, sem que nenhum fato deixe de ser questionado, se possível esclarecido e consignado em seu interrogatório, formalizando-se tudo.

Após essas providências e colhidas as informações que servirão à cadeia de provas, o Delegado de Polícia deliberará sobre uma eventual representação por prisão temporária ou outras medidas cautelares, sendo que tudo será relatado no relatório, ao final, com a conclusão do inquérito policial.

Conforme reza o artigo 2º, §§1º e 2º, da lei n. 12.830/2013:

> Art. 2º As funções de polícia judiciária e a apuração de infrações penais exercidas pelo delegado de polícia são de natureza jurídica, essenciais e exclusivas de Estado.
>
> § 1º Ao delegado de polícia, na qualidade de autoridade policial, cabe a condução da investigação criminal por meio de inquérito policial ou outro procedimento previsto em lei, que tem como objetivo a apuração das circunstâncias, da materialidade e da autoria das infrações penais.
>
> § 2º Durante a investigação criminal, cabe ao delegado de polícia a requisição de perícia, informações, documentos e dados que interessem à apuração dos fatos.

A condução das investigações a serem realizadas deverá ser determinada por meio de despacho nos autos de inquérito policial; de igual modo, o resultado do trabalho perseguido deverá ser juntado nos autos. Com a junção de todas as providências tomadas e provas produzidas, pode-se avançar nas investigações a fim de esclarecer o crime e sua autoria, e por fim, o oferecimento de um relatório robusto de informações.

Referidas providências, frisa-se mais uma vez, além de atenderem à técnica jurídica, deverão ser realizadas de forma a atender a perfeita ortografia e estética dos documentos produzidos pela Polícia Civil, com brasão e cabeçalho da Polícia Civil, informando sobre a correspondente unidade policial da qual provêm os trabalhos, identificando quem produz o ato de polícia judiciária.

O boletim de ocorrência é o documento utilizado pela Polícia Civil em atividade de polícia judiciária para o registro da notícia de cometimento de infrações penais, ou seja, o registro dos fatos que desencadeiam uma investigação criminal e também o registro de fatos atípicos, mais conhecidos como boletim de ocorrência de natureza não criminal. O registro do boletim de ocorrência é acessível a todos, conforme Recomendação DGP nº 07/2003.

Em termos de porcentagem, em quase sua totalidade, o boletim de ocorrência é a peça de informação que inicia uma investigação. A elaboração do registro da ocorrência é de suma importância para a instituição policial civil que possui essa rica ferramenta, maior sistema detentor de informações. Todos os fatos da vida pública e social, no que concerne a crimes, estão ali sedimentados e organizados, pois é a peça onde se formalizam as notícias de fatos criminosos ou de fatos que não são criminosos, que para alguns usuários do sistema, embora não seja o relato de um fato criminoso, ele elege como importante o seu registro, e, recorrentemente, procura sua elaboração por conta da credibilidade da ferramenta que tem à sua disposição.

Os usuários dos serviços públicos julgam importante o fato de poderem comparecer a uma Delegacia de Polícia ou mesmo acessar o site da Polícia Civil (Delegacia Eletrônica – *on-line*) e relatar os fatos, registrando-os por meio do boletim de ocorrência, como um respaldo do Estado e, com isso, têm a certeza de que poderão buscar seus direitos e prerrogativas.

Para o histórico do boletim de ocorrência, o respeito às normas da redação oficial é de suma importância, especialmente no que concerne ao fato de, necessariamente, a escrita ser concisa, coerente, coesa e clara. Por ser o registro de *notitia criminis*, o boletim de ocorrência é peça obrigatória a ser juntada em inquérito policial, quando este não é iniciado mediante representação. Seu registro, na Policia Civil de São Paulo, é feito no SPJ (Sistema de Polícia Judiciária), amplo instrumento de informação, o qual, dia a dia, é alimentado com mais e atualizadas informações.

No registro do boletim de ocorrência, o Delegado de Polícia delibera sobre a natureza da ocorrência que preside, analisando o caso concreto que a ele está sendo apresentado. No próprio histórico, o Delegado de Polícia tem a oportunidade de fundamentar, motivando sobre sua convicção jurídica, bem como sobre as providências que foram e as que serão tomadas, especialmente se o registro for de elaboração de auto de prisão em flagrante delito, fundamentando, de forma técnica e jurídica, o cerceamento da liberdade do indivíduo ora indiciado.

O boletim de ocorrência deve ser bem redigido, com precisão, sem que haja informações conflituosas. E, é comum uma ocorrência que cause repercussão social, e, quando esta ocorre, as hierarquias superiores, imediata e mediata, deverão ser cientificadas, portanto, as informações constantes nessa peça deverão ser muito bem redigidas e esclarecedoras.

A portaria e o auto de prisão em flagrante serão as duas formas de se instaurar o inquérito policial eletrônico.

A prisão em flagrante delito tem expresso fundamento no artigo 5º, inciso LXI, da Constituição Federal, como sendo aquela em que o sujeito é capturado e detido por ter sido surpreendido praticando uma infração penal, ou seja, a prática criminosa está ocorrendo ou acabou de ser realizada.

O auto de prisão em flagrante é uma das formas de se instaurar inquérito policial, e, embora o sistema é de inquérito policial eletrônico, assim como a peça de polícia judiciária denominada portaria, é numerado como folha de nº 02 dos autos, posterior à capa do inquérito policial, possuindo uma peça própria, tecnicamente elaborada e formatada no registro da ocorrência, denominada de auto de prisão em flagrante delito (DGP 01/2005), da Polícia Civil de São Paulo.

Todo indivíduo capturado em situação de prisão em flagrante delito será apresentado e conduzido a presença de um Delegado de Polícia, a primeira Autoridade do Estado (agente público) a tomar ciência dos fatos. Este, após tomar ciência da respectiva *notitia criminis*, deliberará sobre o caso, podendo ratificar pretérita voz de prisão em flagrante delito, elaborando as peças policiais pertinentes e demais providências de polícia judiciária, no caso de haver elementos informativos que demonstram a autoria e materialidade, registrando boletim de ocorrência circunstanciado, fundamentando suas deliberações.

Conforme oportuna Recomendação DGP nº 01 de 2005, a qual recomenda medidas para uniformização dos atos de polícia judiciária relativos à autuação em flagrante delito em face da alteração do artigo 304 do código de processo penal, em seu item I, esta informa:

> Entrevistadas as partes (condutor, testemunhas presenciais ou não e o conduzido), caberá exclusivamente à Autoridade Policial formar, soberanamente, sua convicção jurídica e, então, determinar, ou não, a lavratura do auto de prisão, inadmitindo qualquer tipo de ingerência relativamente ao enquadramento típico da conduta e à existência de estado flagrancial.

A respectiva lavratura do auto de prisão em flagrante conterá as declarações da vítima, os depoimentos de testemunhas, incluindo o condutor e a testemunha que apresentaram a ocorrência deliberada. Na maioria das vezes, estes são policiais acionados para atender ocorrência ou que se depararam com ela. Por fim, o documento abarcará o interrogatório do indiciado, sendo que tudo servirá como conjunto probatório, embasando a convicção jurídica da Autoridade Policial bem como a natureza jurídica tipificada expressa na peça de polícia judiciária denominada nota de culpa. Seria importante ter a menção de que, ao detido em situação de flagrante delito, foram garantidos os direitos constitucionais do preso, inclusive o direito de permanecer em silêncio e de se manifestar somente em Juízo, bem como será consignado que o mesmo foi cientificado quanto à oportunidade de comunicar algum familiar de sua prisão, conforme assegurado pela Constituição Federal.

Conforme o artigo 7º, §§ 1º, 2º e 3º, da portaria DGP 18/98, da Polícia Civil de São Paulo, estabelece-se que:

> Na lavratura do auto de prisão em flagrante, a autoridade policial fará constar, no instrumento flagrancial, de maneira minudente e destacada, a comunicação ao preso dos direitos que lhe são constitucionalmente assegurados e, ainda, se este compreendeu-lhes o significado e se desejou exercê-los.
>
> Parágrafo 1º - A comunicação do preso com seu familiar, pessoa por ele indicada ou advogado, será efetuada na forma determinada pela autoridade policial, que deverá autuar com total presteza e máximo empenho, a fim de não frustrar a garantia constitucionalmente assegurada.
>
> Parágrafo 2º - A tipificação da conduta inicialmente atribuída ao preso no auto de prisão em flagrante será objeto de fundamentação autônoma na respectiva peça flagrancial, expondo a autoridade policial as razões fáticas e jurídicas de convencimento.
>
> Parágrafo 3º - Na nota de culpa entregue ao preso, a autoridade policial descreverá a conduta incriminada e indicará o tipo penal infringido.

Sendo o caso de a Autoridade Policial deliberar em face da ocorrência que lhe foi apresentada, não estando em estado flagrancial, registrará um boletim de ocorrência circunstanciado, no qual deverão ser fundamentados os motivos da negativa em se prender o apresentado em flagrante delito, bem como deliberará pelas providências que foram tomadas e pelas que deverão ser tomadas, por isso, importante o conhecimento técnico e jurídico, pois, assim a peça elaborada estará apta a ser compreendida e servirá para embasar uma precisa investigação dos fatos.

É o que informa a já mencionada Recomendação DGP nº 01 de 2005, em seu item XVI:

> Decidindo pela inexistência de situação jurídica caracterizadora de flagrante, deverá a Autoridade Policial registrar o fato em boletim de ocorrência, sem emitir recibo de entrega de preso, em seguida adotando as providências de polícia judiciária cabíveis, inclusive para responsabilização criminal dos autores da detenção indevida, se for o caso.

Essa é uma prerrogativa da independência funcional do Delegado de Polícia para a formação de sua respectiva convicção jurídica, já consagrada no artigo 140, §3º da Constituição do Estado de São Paulo, alterada pela emenda nº 35/2012.

O auto de prisão em flagrante é uma das formas com as quais se inaugura o inquérito policial, pois o mesmo é instaurado mediante essa peça policial.

A outra forma de se iniciar o inquérito policial, principal ferramenta de trabalho da Polícia Civil, com o qual se formalizam as investigações preliminares, é por meio de portaria. A portaria é peça inaugural do inquérito policial, privativa do Delegado de Polícia, quando de sua instauração, ilustrando, também, a folha "02" do enumerado feito, sempre que chega ao conhecimento da autoridade policial uma *notitia criminis*. Além de ser uma das formas, é também a mais utilizada para a instauração do inquérito policial.

Na portaria, o Delegado de Polícia fundamenta a instauração de acordo com a conduta praticada a um tipo penal relacionado a ela, determinando as providências a serem tomadas, e para tanto, é importante ter conhecimento técnico e jurídico.

Essa é a interpretação que se faz da portaria DGP n. 18/98 da Polícia Civil do Estado de São Paulo, que diz:

> A instauração de inquérito policial, quando legalmente possível, dependerá, sempre, de prévia e pertinente decisão da autoridade policial que, com essa finalidade, expedirá, em ato fundamentado, portaria na qual fará constar descrição objetiva do fato considerado ilícito, com a preliminar indicação de autoria ou da momentânea impossibilidade de apontá-la, e ainda a classificação provisória do tipo penal alusivo aos fatos, consignando por último, as providências preliminares necessárias para a eficiente apuração do caso.

Após a instauração do inquérito policial, todo e qualquer direcionamento nas investigações a serem realizadas deverá ser determinado por meio de despacho nos autos de inquérito policial, e o resultado do trabalho realizado deverá, também, por meio de despacho, ser juntado aos autos, ilustrando o inquérito policial. Essa á a sua tramitação, o andamento dos trabalhos investigativos.

Com a finalidade de realizar as investigações e formalizá-las no inquérito policial, é preciso requisitar, como providências, perícias, informações, documentos e dados na busca da verdade e da apuração dos fatos. O § 2º, do artigo 2º da lei 12.830/2013, diz que "durante a investigação criminal, cabe ao delegado de polícia a requisição de perícia, informações, documentos e dados que interessem à apuração dos fatos".

> [...] perícias são todos os exames de natureza forense realizados por peritos (médicos legistas e peritos criminais), que, através do trabalho realizado, prestam esclarecimentos à Polícia e à Justiça, demonstrando a existência de um fato, bem como dos meios e modos empregados. (QUEIROZ, 2010, p. 201).

Serão expedidas requisições de perícias, determinadas pela Autoridade Policial, sempre que esta tomar ciência de um fato, ou seja, em todas as ocorrências que forem registradas e, dependendo de sua natureza, necessária se faz a expedição destas para a comprovação da materialidade do fato. Serão expedidas, também, requisições periciais no decorrer das investigações, em fase de inquérito policial. Ainda, pode ser expedida uma requisição complementar a uma requisição solicitada anteriormente, como exame de corpo de delito complementar.

Na requisição de perícia, o Delegado especificará em seu teor o que deverá ser examinado e qual a natureza do exame requisitado.

O artigo 6º do Código de Processo Penal elenca diligências a serem praticadas, e as oitivas das partes envolvidas consubstanciam providências determinantes para a investigação preliminar, a serem desenvolvidas de forma concatenada. As vítimas e o ofendido serão ouvidos por meio de termo de declarações; as testemunhas, por termo de depoimento, e o investigado/indiciado será ouvido em seu interrogatório, que fará parte de seu formal indiciamento.

Deve-se seguir uma sequência da prática de atos de polícia judiciária para que, de forma ordenada, proceda-se à oitiva, primeiramente da vítima, depois das testemunhas, e, por fim, do investigado/indiciado. No momento em que se proceder ao interrogatório do investigado/indiciado, as perguntas feitas deverão ser precisas a fim de buscar a elucidação do crime praticado. Embora no curso do inquérito policial, em tese, possa-se proceder a formais declarações de partes, sendo essas realizadas quando e quanto necessárias, é importante que, em uma única declaração prestada, as informações sejam inseridas de forma plena, se possível naquele momento, sem que se necessite realizar outra, tendo que proceder à oitiva daquela pessoa novamente, demonstrando eficiência em cada ato praticado, bem como economia processual, e mais importante ainda, para que não aconteça o que se chama de violência institucional trazida com a nova lei nº 14.321 de 31 de março de 2022, a qual altera a lei nº 13.869 de 05 de setembro de 2019, a qual acrescenta o artigo 15-A, que diz:

> [...] Art. 15-A. Submeter a vítima de infração penal ou a testemunha de crimes violentos a procedimentos desnecessários, repetitivos ou invasivos, que a leve a reviver, sem estrita necessidade:
>
> I - a situação de violência; ou
>
> II - outras situações potencialmente geradoras de sofrimento ou estigmatização:
>
> Pena - detenção, de 3 (três) meses a 1 (um) ano, e multa.
>
> § 1º Se o agente público permitir que terceiro intimide a vítima de crimes violentos, gerando indevida revitimização, aplica-se a pena aumentada de 2/3 (dois terços).
>
> § 2º Se o agente público intimidar a vítima de crimes violentos, gerando indevida revitimização, aplica-se a pena em dobro."

A ordem de serviço é ato de polícia judiciária, expedida pela Autoridade Policial ao setor de Investigação e deverá constar o que exatamente o Delegado de Polícia deseja saber e informar com a respectiva diligência realizada, bem como poderá estabelecer prazo para sua realização.

A Polícia Civil do Estado de São Paulo confeccionou a Portaria DGP nº 23/2013 que determina diretrizes para a expedição de Ordem de Serviço. Ao Delegado de Polícia cabe a responsabilidade pelo exercício das funções de polícia judiciária, pertencendo a ele também o controle das atividades policiais; os agentes da Autoridade Policial têm papel direcionado à eficácia desses trabalhos, competindo-lhes a tarefa de bem documentar as informações e os meios de prova utilizados nas investigações. A Portaria também determina que a documentação mediante ordens de serviço e pertinentes relatórios constituem instrumento hábil para a garantia da autenticidade, inteligibilidade e confiabilidade dos serviços policiais. E em seus artigos 1º e 2º, apresenta:

> Art. 1º - A realização de diligência policial por agente da autoridade dependerá de prévia determinação ou autorização do Delegado de Polícia competente, mediante expedição de Ordem de Serviço, salvo as exceções do artigo 5º desta Portaria.
>
> Art. 2º - A ordem de serviço, de iniciativa exclusiva da Autoridade Policial, tem por objetivos:
>
> I - legitimar as ações dos policiais civis designados para a realização de diligências policiais;
>
> II - estabelecer parâmetros, facilitar o planejamento e a execução das diligências policiais;
>
> III - designar o policial encarregado e os integrantes da equipe;
>
> IV - estabelecer a data de início e a previsão de término da diligência;
>
> V - informar os dados conhecidos e necessários ao cumprimento da diligência.
>
> Parágrafo único - Escrivão de Polícia designado pela Autoridade Policial expedirá as Ordens de Serviço, procedendo ao respectivo registro em Livro Obrigatório de Ordens de Serviço. (ANEXO I).

Deverá, a ordem de serviço, ser minuciosamente escrita, de forma que o investigador de polícia responsável por diligenciar compreenda o caso e os fatos a serem investigados, buscando obter maiores e importantes informações para que, posteriormente, redija um bom e circunstanciado relatório de diligência policial.

Expõe A. Oliveira Lima (2005, p. 128) que "é expediente interno de um órgão mediante o qual o seu titular regula procedimentos para a execução de serviços, fixa comandos de ação ou estabelece normas para o cumprimento de determinado serviço".

Essa diligência é muito importante na instrução do inquérito policial, porque, com o relatório de diligência policial, ou seja, com o relatório oferecido pelo investigador de polícia responsável pela diligência requerida na ordem de serviço, poderá haver informações importantes que substanciam uma possível representação por prisão preventiva, prisão temporária ou outra medida cautelar diversa destas. Baseado neste relatório de diligência policial e em seu resultado, poderá ainda ter um desfecho final a fim de ser relatado o inquérito policial.

Um relatório de investigação é muito importante, especialmente para determinar as investigações e as deliberações posteriores a ele, que, muitas vezes, dependem das informações constantes nele e na respectiva diligência realizada.

O indiciamento é ato próprio da fase investigativa, discricionário para o Delegado de Polícia, que, diante do caso apurado, firma seu livre convencimento, elaborando, ainda, além do formal indiciamento, o despacho de indiciamento, motivando a formalidade do ato.

O artigo 2º, §6º da lei nº 12.830/2013, reza que "o indiciamento, privativo do Delegado de Polícia, dar-se-á por ato fundamentado, mediante análise técnico-jurídica do fato, que deverá indicar a autoria, materialidade e suas circunstâncias".

Expõe o doutrinador Rafael Moraes (2014, p. 1):

> Considera-se indiciamento o ato pelo qual o Delegado de Polícia manifesta sua convicção jurídica motivada ao imputar a uma pessoa a condição de provável autor ou partícipe da infração penal investigada no inquérito policial. Essa é a acepção do indiciamento sob o enfoque material, é o indiciamento propriamente dito.

Na fase pré-processual, trabalha-se com indícios. De posse de todas as informações colhidas e das provas produzidas, caso o Delegado de Polícia se convença de que o investigado praticou referido crime a que se está apurando, ele é indiciado formalmente e, de investigado, passa a ser tratado como indiciado. Referida denominação se dá em razão de ter sido submetido ao formal indiciamento. Assim, será qualificado, identificado, interrogado e, com ele, será realizado o pregressamento (vida pregressa), a fim de colher informações sobre seu passado.

Um indiciamento pode ser feito de maneira direta ou indireta. O indiciamento direto ocorre quando o indiciado está presente; o indireto, quando o indiciado está ausente (indiciado foragido). (LIMA, 2016, p. 189).

Sendo o indiciamento um ato praticado de suma relevância, o indiciado poderá ser submetido a medidas cautelares. Isso é importante, também, para sua defesa, pois o interrogatório é o momento em que o indiciado poderá escolher permanecer em silêncio, somente se pronunciando em Juízo, ou defender-se da imputação que lhe está sendo feita, oportunidade na qual poderá dar sua versão sobre os fatos.

O despacho de indiciamento é a elaboração de uma peça de polícia judiciária, privativa do Delegado de Polícia no uso de sua atribuição exclusiva de polícia judiciária constitucionalmente conferida às policias civis dos estados, com fulcro no artigo 144, parágrafo 4º da *"Lex Matter"*, no artigo 140 da Constituição Estadual do Estado de São Paulo e no parágrafo 6º do artigo 2º da Lei n. 12.830 de 2013, sendo essencial à função jurisdicional do Estado, bem como no artigo 4º do Código de Processo Penal, que precede ao indiciamento do investigado.

No despacho de indiciamento, o Delegado de Polícia subscritor, de forma breve e sucinta, discorre sobre as versões apresentadas, sobre a conduta típica descrita em algum artigo do código penal ou leis extravagantes e também algum direito assegurado pela *Lex Matter* e Convenções Internacionais.

O relatório ofertado pela Autoridade Policial é a peça que finaliza o inquérito policial. Nele o Delegado de Polícia explanará o que foi investigado, as providências que foram tomadas e as diligências realizadas, esboçando o que foi juntado na coleta das informações julgadas pertinentes para a apuração do fato, fundamentando as razões da classificação jurídica dada, concluindo os trabalhos de polícia judiciária, usando de descrição objetiva, esclarecedora e imparcial.

O artigo 12 da Portaria DGP nº 18/98 - Policia Civil do Estado de São Paulo, fala que:

> Concluídas ou esgotadas as providências para esclarecimento do fato perquirido, suas circunstâncias e respectiva autoria, a autoridade policial fará minucioso relatório do que tiver sido apurado, detalhando os meios empregados e as diligências efetuadas, bem como as razões, de fato e de direito, que fundamentam o seu convencimento sobre o resultado da investigação.

Conforme o parágrafo 1º do artigo 10 do Código de Processo Penal: "A autoridade fará minucioso relatório do que tiver sido apurado e enviará autos ao juiz competente". Dessa forma, o relatório é peça objetiva, e nele o Delegado de Polícia deve se abster de escrever suas impressões sobre os fatos investigados.

Porém há uma exceção, ressalvada na lei de drogas (lei n. 11.343/2006), em que o Delegado de Polícia redigirá seu relatório ao concluir as investigações de forma subjetiva, conforme prevê em seu artigo 52:

> Art. 52. Findos os prazos a que se refere o art. 51 desta Lei, a autoridade de polícia judiciária, remetendo os autos do inquérito ao juízo:
>
> I - relatará sumariamente as circunstâncias do fato, justificando as razões que a levaram à classificação do delito, indicando a quantidade e natureza da substância ou do produto apreendido, o local e as condições em que se desenvolveu a ação criminosa, as circunstâncias da prisão, a conduta, a qualificação e os antecedentes do agente;

O caráter subjetivo do relatório da Autoridade Policial tem razão de ser, pois nele podem ser justificados os motivos que levaram a deliberar pelo tráfico ilícito de drogas, conforme artigo 33 da lei nº 11.343/2006, e não deliberar pelo porte de drogas para consumo próprio, tipificado no artigo 28 da mesma lei nº 11.343/2006. Dessa forma, o Delegado de Polícia deve consignar os fundamentos de sua decisão, baseado nas informações de que as drogas foram encontradas de acordo com o tipificado no artigo 33 da lei n. 11.343/2006, ou seja, que seriam para o tráfico ilícito de entorpecentes, localizadas de forma que, pela quantidade e modo de acondicionamento (pequenas embalagens, por exemplo), evidenciam que não seriam para consumo próprio, mas para serem colocadas em comércio.

A forma como a instituição policial civil produz seu trabalho e a maneira como ele é desenvolvido são imprescindíveis para o resultado final. Embora em todos os trabalhos policiais terem o símbolo e o brasão que caracterizam a instituição e permite que ela seja reconhecida em qualquer lugar, especialmente quando o seu trabalho é divulgado, tendo um alcance visual maior, o melhor marketing para a instituição ainda é o próprio trabalho realizado com excelência por ela.

EDITORA JusPODIVM
www.editorajuspodivm.com.br

Impresso por:

Docuprint
CNPJ 01.036.332/0001-99

JUS2824

Deste modo, importante expor a atividade desempenhada no âmbito da Polícia Civil, com supedâneo às normas da redação oficial. Além da atividade de organização da instituição, necessário explanar a atividade fim, a atividade investigativa e a importância em se elaborar seus textos, documentos utilizados na busca da verdade, de forma que sejam compreendidos. Para tanto, defende-se, sempre, a obediência às normas da redação oficial, normas de ortografia e gramática, e, ainda, a necessidade de embasamento nas leis, demonstrando não só a técnica, mas também conhecimento jurídico.

O inquérito policial é presidido pelo Delegado de Polícia, que elabora as peças de polícia judiciária na condução dos trabalhos, e, embora tenha certa discricionariedade para realizar suas funções, fundamenta juridicamente toda a providência tomada e todos os motivos que o levaram a formar sua convicção técnico-jurídica, dando maior segurança e celeridade à instrução policial, até o término das investigações, possibilitando, consequentemente, uma melhor prestação jurisdicional.

REFERÊNCIAS BIBLIOGRÁFICAS

GARCEZ, William; LEITÃO JÚNIOR, Joaquim; JORGE, Higor Vinicius Nogueira. (Re)visão Moderna do Inquérito Policial. In: COVINO JUNIOR, Waldir Antonio; JORGE, Higor Vinicius Nogueira (Coord.). **Tratado de Inquérito Policial**. São Paulo: Editora Juspodivm, 2023.

LIMA, A. Oliveira. **Manual de redação oficial**: teoria, modelos e exercícios. 2. ed. Rio de Janeiro: Elsevier, 2005.

LIMA, Renato Brasileiro de. **Legislação criminal especial comentada.** 4. ed. Salvador: Juspodivm, 2016.

MORAES, Rafael Francisco Marcondes de. Indiciamento na investigação criminal conduzida pelo delegado de polícia. **Revista Jus Navigandi**, Teresina, ano 19, n. 3849, 14 jan. 2014. Disponível em: <https://jus.com.br/artigos/26390>. Acesso em: 01 jan. 2023.